ART CONTEMPORAIN
ENJEUX ET COMPRÉHENSION

REPÈRES ET FRAGMENTS
vol. 1, n° 9

LARA DOCQUIER
LOUIS LEMONON
PIERRE FRASER

ÉDITIONS V/F

© Lara Docquier, Louis Lemonon, Pierre Fraser, 2018.

Aucune partie de cette publication ne peut être reproduite, transmise sous quelque format que ce soit, électronique ou mécanique, incluant la photocopie, la numérisation ou toute autre forme de stockage de l'information qui permettrait de retracer ou reproduire l'information contenue dans ce livre sans la permission expresse et écrite des auteurs.

Dépôt légal : Bibliothèque et Archives nationales du Québec
1ᵉ trimestre 2020

Première édition
11   12   13   14   15
5   4   3   2   1

Table des matières

Prologue 7

Art contemporain et médiation culturelle.................................... 11

    L'abstraction et la médiation culturelle 12

    Marcel Duchamp et le Ready Made... 16

    Les positions de Becker et Arendt 21

    Constat 26

La réhabilitation des gribouillis de Kafka 31

    Kafka dans la sociologie 32

    Kafka partagé 33

    Les six figurines noires 34

    Dessin kafkaïen et nouvelle problématique sociologique........... 37

    La critique sociale de Kafka : une sociologie avec des gribouillis ? 39

    Nouvelles questions autour des dessins de Kafka...................... 40

    Les dessins de la vie quotidienne : sociologie de la vie quotidienne ? 43

    Les dessins satiriques : un outil d'observation pour la sociologie de l'exclusion (et de la déviance) ? 44

    La parade patriotique : une sociologie politique de la Première Guerre mondiale ?.. 46

    Les dessins de voyages : un outil de la sociologie urbaine ? 47

    Une méthode sociologique : la spontanéité et l'extériorité des dessins de Kafka 49

    La fascination des contours... 51

    La modestie, la trace et le dessin d'écrivain 53

    L'image contre le gribouillis, un plaidoyer pour l'image 54

Constat 55
Le rôle de l'image dans nos sociétés 59

REPÈRES VISUELS

Un repère visuel signale et permet non seulement de guider nos déplacements et d'orienter nos actions, mais aussi de normaliser nos comportements, nos conduites, nos jugements, nos attitudes, nos opinions, nos croyances. Cette normalisation, véhiculée par les repères visuels, consiste à différencier ce qu'il convient ou non de faire en fonction de leur désirabilité du point de vue du groupe qui génère la norme.

Les réseaux visuels sont constitués des repères visuels propres à certains réseaux sociaux — culturel, religieux, politique, financier, commercial, judiciaire, éducatif — permettant leur identification et leur localisation dans le but de déclencher une action.

Un parcours visuel est essentiellement composé de repères visuels désignant un lieu — espace circonscrit —, où l'individu se déplace en suivant une direction plus ou moins déterminée dans le but d'accomplir une action. Les parcours visuels, en fonction du lieu où ces derniers s'inscrivent, forment aussi des parcours sociaux pour certaines classes sociales et déterminent d'autant des attitudes et des comportements.

TERRITOIRES VISUELS

Un territoire visuel est avant tout géographiquement délimité : en milieu urbain, il correspond généralement à un quartier ; en milieu rural il regroupe des aires aux propriétés et caractéristiques similaires.

Un territoire visuel est essentiellement composé de repères visuels socialement identifiables et décodables par ceux qui habitent ledit territoire, repères qui eux-mêmes tracent des parcours visuels, qui tracent également des parcours d'appartenance à une classe sociale ou à une sous-culture.

Le territoire visuel n'est pas seulement tributaire du géométrique. Interviennent aussi les postions du quartier dans l'espace urbain global, les passés historiques des quartiers, les résidus de ces passés, les images que s'en construisent les habitants et les étrangers. Tout cela se constitue sous forme de filtres superposés, inclusifs ou exclusifs.

Prologue

Dans ce numéro, ce que nous présentent Pierre Fraser, Lara Docquier et Louis Lemonon permet de mieux saisir la notion de médiation culturelle et de médiation artistique.

D'autre part, Lara Docquier, à l'aide de photographies réalisées au Musée national des beaux-arts du Québec, explore trois aspects :

- l'abstraction, spécificité intrinsèque de l'art contemporain, exige une médiation culturelle ;
- la spécificité de l'art contemporain et son besoin de l'institution qu'est le musée, pour faire comprendre, faire découvrir, faire savoir, tant avec la langue naturelle qu'avec d'autres moyens comme les images, les sons, etc. ;
- l'art contemporain, plus difficilement compréhensible que les autres formes d'art, et ce, de manière générale, l'est d'autant plus pour certaines couches de la population, d'où la médiation culturelle effectuée par le musée.

Ce qu'il y a d'intéressant et de pertinent dans la démarche de Lara Docquier, c'est qu'elle arrive non pas seulement à montrer, mais surtout à démontrer que le musée est un territoire visuel pensé et travaillé, au sein duquel des parcours visuels sont proposés par les organisateurs de l'exposition, où le chemin des visiteurs y est plus ou moins déterminé dans le but d'infléchir le sens de leur visite.

À cet effet, un musée est bel et bien un endroit composé de plusieurs parcours visuels en fonction des expositions qui y sont présentées. Et si on s'en tient à la définition qu'« un parcours visuel soit essentiellement composé de repères visuels désignant un lieu — espace circonscrit —, où l'individu se déplace en suivant une direction plus ou moins déterminée dans le but d'accomplir une action », en l'occurrence celle de déambuler dans une exposition, force est d'admettre que le musée d'art contemporain répond effectivement à cette définition.

De plus, lorsque Docquier nous dit, à travers les mots de Pierre Bourdieu, que l'art contemporain est plus difficilement compréhensible que les autres formes d'art, et qu'il l'est d'autant plus pour certaines couches de la population, encore là, force est d'admettre que les parcours visuels, en fonction du lieu où ces derniers s'inscrivent, forment aussi des parcours sociaux pour certaines classes sociales et déterminent d'autant des attitudes et des comportements. Autrement, si on se réfère à la définition du territoire visuel, essentiellement composé de repères visuels socialement identifiables et décodables par ceux qui habitent ledit territoire, repères qui eux-mêmes tracent des parcours visuels, qui tracent également des parcours d'appartenance à une classe sociale ou à une sous-culture, le musée d'art contemporain est inévitablement un territoire visuel.

Louis Lemonon, pour sa part nous met sur la piste des dessins de Franz Kafka. Même si, de prime abord, il serait difficile de penser que la notion de repère visuel puisse s'appliquer aux dessins de Kafka, force est de constater que Lemonon arrive à dégager de nouvelles pistes d'analyse encore toutes fraîches, d'où l'idée de les présenter au lecteur. Par exemple, la figurine de gauche, qui fait partie du corpus des six figurines noires, est une représentation de Kafka lui-même, rongé par l'ennui et le poids des cadres structurels. L'image ici captée semble projeter le spectateur dans une perception visuelle des émotions de Kafka.

Mais ce qui doit particulièrement retenir l'attention du lecteur, c'est que si on considère les gribouillis de Kafka comme « donnée » et non plus comme « médium », ceux-ci deviennent un instrument de collecte de l'information. De là, la compréhension des gribouillis de Kafka en tant que méthode devient ainsi plus évidente, car elle répond en partie aux attentes de la sociologie visuelle, c'est-à-dire qu'elle permet d'identifier des repères visuels, qui s'inscrivent eux-mêmes dans des parcours visuels, qui s'inscrivent par la suite dans un territoire visuel.

Comment Lemonon arrive-t-il à faire cette première démonstration ? Comme le souligne Lemonon, « dans ses dessins, Kafka sélectionne ce qui doit être vu, afin de montrer quelque chose. Il ne s'embarrasse pas de détails, d'horizon, d'environnement. Le dessin fait ressortir les éléments auxquels le dessinateur donne du sens. C'est une pensée épurée de ce qui n'a pas une importance notable pour le créateur où l'œil n'est en rien distrait par un surplus d'informations. En dessinant, c'est un morceau de réalité qu'il met en lumière », et cette réalité, celle de Kafka, à travers tous ces repères visuels, se décrypte en réseau.

Et c'est là où l'intuition de Lemonon vise juste, car si on se réfère à la définition d'un réseau visuel — un réseau visuel est constitué de repères visuels propres à certains réseaux sociaux (culturel, religieux, politique, financier, commercial, judiciaire, éducatif) permettant leur identification et leur localisation dans le but de déclencher une action —, il faut d'emblée reconnaître que tous les dessins de Kafka renvoient à tous ces réseaux sociaux.

Si les dessins de Kafka amènent à l'interprétation de sa vision de la réalité sociale, et si l'intuition de Lemonon s'avère juste, cela signifie qu'il serait possible d'étendre la portée de la notion de repère visuel, et par le fait même, celui de la sociologie visuelle. C'est donc en ce sens qu'il faut comprendre la contribution de Louis Lemonon à ce numéro de la revue Panoramas, c'est-à-dire l'exploration de sentiers non encore battus en matière de compréhension de l'image.

Pierre Fraser (Ph. D.)
Québec, juin 2018

Art contemporain et médiation culturelle

Auteur : Lara Docquier, sociologue

Deux questionnements principaux ont été à la source de cet article : « quelles sont les caractéristiques spécifiques de l'art contemporain ? » et « qu'est-ce qui fait qu'un objet est qualifié ou non d'art ? ». Ces problématiques sont très larges et ne pourront être totalement couvertes ici. Cependant, nous espérons que ce bref article pourra permettre d'amorcer une réflexion de plus longue haleine. À l'aide de photographies réalisées au Musée national des beaux-arts du Québec et d'appuis théoriques, nous chercherons des manières d'éclairer, humblement, ces interrogations. Plus concrètement, cet article comportera trois parties qui s'articuleront autour des photographies. La première portera principalement sur l'abstraction, qui est une caractéristique de l'art contemporain, et sur le besoin de médiation culturelle qui en découle. La seconde traitera d'un artiste en particulier, Marcel Duchamp, et de son influence inestimable dans le domaine des arts. Ensuite, nous tenterons, à l'aide de cet auteur, mais également de Becker et d'Arendt, de comprendre ce qui fait la spécificité de l'art. Pour terminer, nous nous pencherons sur l'institution qu'est le musée, sur son impact dans la définition de l'art, et sur les chamboulements avec lesquels il est aux prises depuis le passage du moderne au contemporain.

L'abstraction et la médiation culturelle

Les photographies de la page suivante montrent une guide-animatrice du Musée national des beaux-arts du Québec commentant l'œuvre de François Morelli à un groupe d'étudiants. Elle leur propose donc certaines explications, afin qu'ils puissent mieux comprendre que « l'instabilité et l'indécision formelle » caractérisent l'art contemporain, ainsi qu'un « travail d'indéfinition/abstraction, pour mieux creuser son décalage par rapport à la norme[1] ». Or, « l'art qui déconstruit les formes déconstruit aussi le sens[2] ».

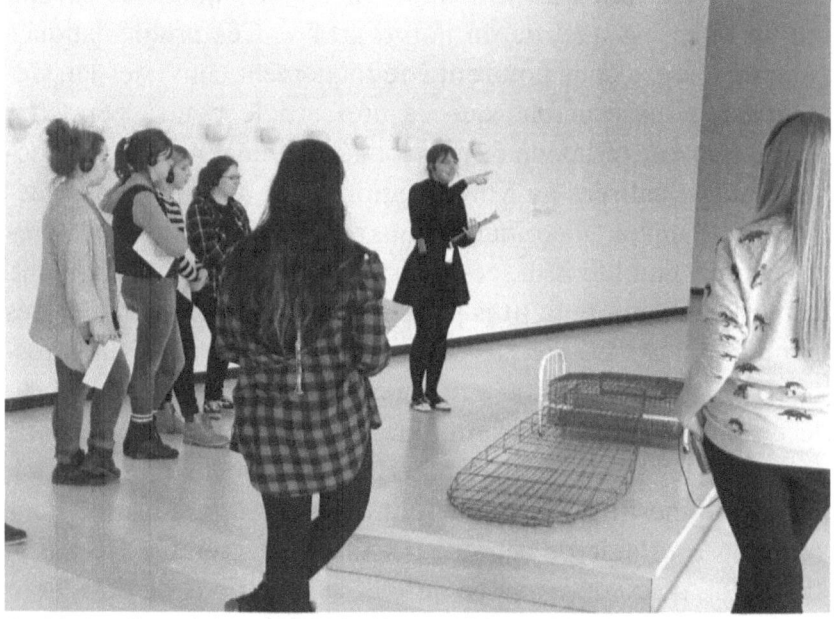

Les Limbes, François Morelli. 1994. (40 cm x 377 cm x 74 cm)

Ces constats ont poussé notre curiosité dans deux directions complémentaires : l'abstraction dans l'art contemporain et la médiation culturelle, car si cette « recherche toujours plus poussée d'un langage visuel autonome sur les plans conceptuel, matériel et technique », caractéristique de l'art contemporain, a pu voir le jour, c'est grâce à plusieurs siècles de revendications prônant l'autonomisation du champ artistique.

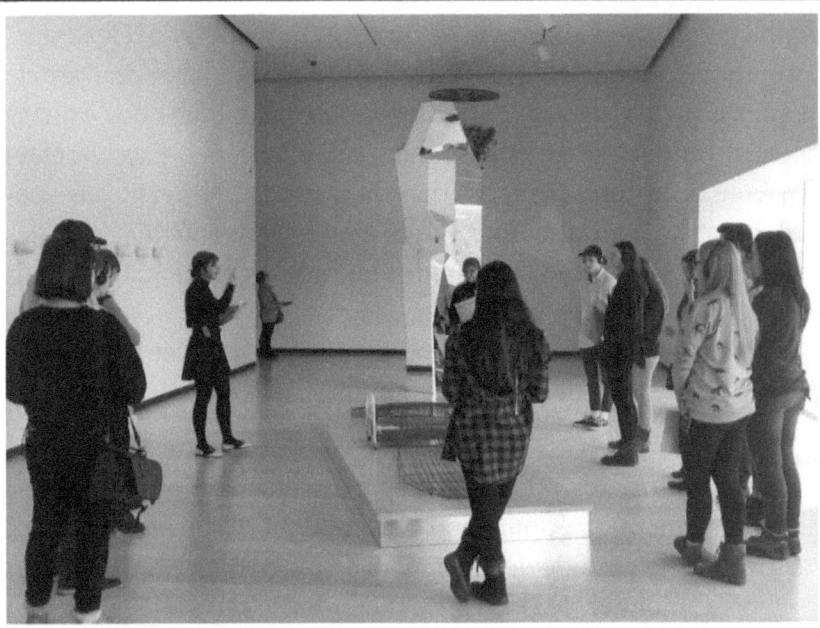

Durant l'Antiquité, on ne parlait pas encore d'artistes, mais bien d'artisans. Ces derniers étaient à peine reconnus, même si certaines de leurs œuvres avaient une grande valeur sociale. Avec la Renaissance, l'artiste devient un artisan spécialisé. La valeur des objets d'art devient de plus en plus fonction de la reconnaissance publique de leur créateur et de son talent. Dans cette société, la peinture et la sculpture sont désormais reconnues comme des arts libéraux, c'est-à-dire comme des arts s'exerçant avec l'esprit « libre », contrairement aux arts mécaniques. Ils ont acquis cette qualité en affirmant leur dimension réflexive, leur nature d'activité de pensée.

Cependant, à la Renaissance, l'art se devait de représenter ce qui avait le plus de valeur (Dieu, le Pouvoir, la Mémoire). Ainsi, les œuvres représentaient essentiellement des croyances en lien avec la religion, des rois, des puissants, des scènes mythologiques ou des grands personnages de l'Histoire. De plus, les œuvres étaient généralement le résultat de commandes de fortunés mécènes. Les révolutions bourgeoises européennes, telles que celle de 1789 en France, prônaient un idéal démocratique, une individualisation de la société, sa sécularisation, ainsi qu'un déplacement du pouvoir via la chute de l'aristocratie. Ces transformations ont eu une grande influence sur la vision de l'artiste et sur celle de l'œuvre d'art. Désormais, les clients des artistes ne sont plus les aristocrates, mais les bourgeois. Ces derniers deviennent les prescripteurs du « bon goût ». N'ayant pas spécialement un capital culturel important, ils se soucient peu des grands héros mythologiques, préférant des représentations flatteuses d'eux-mêmes et de leur ascension sociale. De plus, le système marchand se développe de plus en plus, et les œuvres commencent à faire partie du marché de l'offre et de la demande.

La formation des artistes est également transformée par ces bouleversements, se donnant à présent dans des écoles avec des maîtres. Cette période verra la mise en place d'un nouveau pouvoir institutionnel, le pouvoir académique qui décidera ce qui est artistiquement valable ou non. Au niveau des formes, les représentations sont plus diversifiées, mais doivent toujours correspondre à un style très précis. Ainsi, les artistes témoignent d'une grande volonté d'autonomisation et sont libérés des aristocrates et du pouvoir ecclésiastique, mais sont désormais aux prises avec les règles du marché et des académies. Notons que c'est à partir de ce moment que les artistes revendiqueront leur compétence sur la définition de l'art et sur le choix des sujets et des manières de faire. Bourdieu dit ainsi que

> « le processus d'autonomisation de la production intellectuelle et artistique est corrélatif de l'apparition d'une catégorie socialement distincte d'artistes ou d'intellectuels professionnels, de plus en plus enclins à ne connaître d'autres règles que celles de la tradition proprement intellectuelle ou artistique qu'ils ont reçue de leurs prédécesseurs et qui leur fournit un point de départ, ou un point de rupture[3] ».

Plus tard, les artistes se sentiront étouffés par les bourgeois qui ont développé leur vision utilitaire du monde et qui leur réclament des œuvres ne bouleversant pas les bonnes mœurs. Ils continueront alors leur chemin vers l'autonomisation tout en cherchant à être indépendants de ces structures sociales et en s'écartant de la représentation illusionniste.

Selon Rose-Marie Arbour, « l'expansion du capitalisme, l'avènement des valeurs bourgeoises suscitées par l'industrialisation et l'urbanisation des sociétés européennes et nord-américaines [sont des] valeurs auxquelles l'artiste et son œuvre se sont opposé radicalement[4] ». L'art moderne, et plus encore l'art contemporain, sont l'aboutissement de cette quête d'autonomisation du champ artistique ; les œuvres peuvent cesser de représenter quelque chose d'existant en dehors d'elles-mêmes. En outre, toutes les recherches deviennent acceptables et les formes sont extrêmement diversifiées. La distanciation de la représentation repose aussi sur l'idée que l'art

> « n'est utile qu'en autant qu'il ne prétend pas remplacer la réalité. (…) Si l'art rendait compte de toute la réalité, il n'aurait plus de dimension symbolique, il serait comme le monde de la réalité et, dès lors, n'aurait pas lieu. Si l'art incite le regard à s'ouvrir, il ne rend pas compte de la réalité objective, il n'est ni une évasion hors de la réalité, ni son reflet. L'œuvre peut inciter cependant à un renouvellement de la relation à la réalité – et c'est son effet important[5] ».

Cette abstraction rend l'art contemporain difficilement compréhensible et explique qu'on lui reproche régulièrement « sa coupure avec le grand public ». En effet, il n'est pas toujours aisé d'aller chercher ce qui se cache derrière la forme visible, car

> « Le terme même de contemporain, contradictoirement, induit à la séparation, la distance, à la non-reconnaissance plutôt qu'à l'aisance, l'accessibilité comme si les non-initiés n'étaient pas contemporains d'un art produit dans leur propre contexte et environnement. Le sentiment d'exclusion est accentué d'autant que l'« art contemporain » est reconnu par plusieurs institutions prestigieuses, qu'il fait l'objet de multiples publications majoritairement savantes[6] ».

Cela explique aussi que, « loin d'exiger un regard silencieux, ces œuvres ont au contraire besoin que l'artiste, le critique ou l'universitaire parlent pour elles[7] ».

Dans ce contexte, la médiation culturelle permet de resserrer les liens entre le public et les artistes. C'est une démarche d'accompagnement (éducation artistique, complément pédagogique, etc.), de participation directe à la création (art communautaire, pratique artistique en amateur, etc.) ou de mise en relation et de circulation (artiste en résidence dans la communauté, collaboration entre les milieux socio-économiques, inclusion du citoyen dans les décisions culturelles, etc.). Si nous revenons à nos photographies, nous pouvons affirmer qu'il s'agit d'une démarche d'accompagnement. Notons que la médiation est positionnée entre une envie de démocratisation, puisqu'elle vise la participation du plus grand nombre à la culture, et une posture élitiste, en ce sens qu'elle reconnaît l'autonomie de la création (par exemple, il ne faut pas demander aux artistes de changer ce qu'ils font). Enfin, il est aussi pertinent de se demander, comme le fait Fernand Dumont, qu'elle est la / les culture/s que la médiation favorise et pourquoi privilégie-t-elle celle/s là au détriment d'autres formes de culture ?

Marcel Duchamp et le Ready Made

Si la guide-animatrice donne des informations à propos de l'œuvre à travers le langage, selon Rose-Marie Arbour, c'est aussi

> « dire que l'effet des œuvres d'art visuel sur le spectateur ne peut se traduire dans le langage parlé ou écrit est juste ; mais affirmer qu'il est impossible de décrire et d'analyser les moyens et les effets propres aux arts visuels est faux. Le langage contribue à l'éducation du regard sans pour autant s'y substituer. (...) Ce que le langage peut nommer de l'œuvre, de son contexte artistique et culturel, des intentions de l'artiste, de la réception par les spectateurs, n'équivaut pas à une traduction de l'œuvre[8] ».

Ainsi, le langage ne peut se substituer à l'œuvre, mais il est capable de l'éclairer. Il faut cependant apporter ici deux nuances à ce qui vient d'être dit. Tout d'abord, même si l'art contemporain est plus difficilement compréhensible que les autres formes d'art, et ce de manière générale, il l'est d'autant plus pour certaines couches de la population. Selon Bourdieu,

> « les œuvres d'art produites par le champ de production restreinte sont des œuvres « pures », « abstraites » et ésotériques : des œuvres « pures », en ce qu'elles exigent impérativement du récepteur une disposition conforme aux principes de leur production, c'est-à-dire une disposition proprement esthétique ; [...] des œuvres ésotériques [...] parce que leur structure complexe, impliquant toujours la référence tacite à toute l'histoire des structures antérieures, ne se livre qu'aux détenteurs de la maîtrise pratique ou théorique des codes successifs et du code de ces codes. [...] Les œuvres d'art savant doivent leur rareté proprement culturelle et, par-là, leur fonction de distinction sociale, à la rareté des instruments de leur déchiffrement, c'est-à-dire à l'inégale distribution des conditions de l'acquisition de la disposition proprement esthétique qu'elles exigent et du code nécessaire à leur déchiffrement (c.-à-d. l'accès aux institutions scolaires spécialement aménagées en vue de l'inculquer) et même des dispositions à acquérir ce code (c.-à-d. l'appartenance à une famille cultivée)[9].

En effet, d'un point de vue sociologique, il est important de constater que les pratiques culturelles ne se répartissent pas de manière homogène dans la population. Ainsi, la consommation culturelle est souvent liée à la stratification sociale. Les classes supérieures ont une amplitude de goûts plus importante que les classes populaires, par l'éclectisme de leur répertoire culturel. Illustrons cela par la musique. Selon R. A. Peterson, « plus le statut socio-économique s'élève, plus les comportements de consommation musicale se diversifient à travers une large palette de genres[10] ». Cette idée est contraire à la théorie bourdieusienne et pointe le passage d'un « snobisme » à un « omnivorisme » des élites. Ensuite, ce reproche fait à l'art contemporain, qui consiste à dire qu'il se coupe du public, est assez paradoxal, dans le sens où

> « au contraire, dans l'identification du contemporain en art, le lien avec la vie sociale a constamment été évoqué. L'art contemporain n'a pas abandonné cette voie [de l'art moderne] qui consiste à renverser les a priori afin de révéler les mécanismes des pouvoirs, quels qu'ils soient : il l'a plutôt diversifiée et a donné une importance inusitée à la déconstruction des mécanismes de la représentation, ce qui ne peut se faire sans lien avec une critique sociale. Les œuvres se sont inscrites, et de plus en plus fréquemment depuis les années 1960, dans des lieux et des sites non muséaux : lieux naturels, lieux urbains et privés, et ce, pour s'y fondre. [...] Des matériaux industriels ou bien banals, sans qualité particulière sauf d'être courants et économiques, ont été systématiquement utilisés par les artistes. La participation des spectateurs caractérise même l'art de la fin des années 1960 jusqu'au milieu des années 1970[11] ».

Ainsi, paradoxalement, l'art contemporain serait en fait assez lié à la vie quotidienne. Pensons par exemple aux *Ready made* de Duchamp, dont on parlera plus en profondeur dans la seconde partie de cet article, qui sont faits à partir d'objets utilitaires, industriels, banals, quotidiens. Nous pouvons aussi nous référer à Warhol, pour qui « les grands magasins sont des sortes de musées[12] ». Si Warhol réalise des œuvres à l'aide de la sérigraphie, qui était jusque-là réservée à la reproduction, c'est qu'« Il prétend vouloir être une machine[13] ». Warhol devient alors un homme comme un autre puisqu'il travaille, comme tout le monde, avec des machines. De manière plus générale, dans l'art contemporain, l'artiste n'est plus celui qui possède « le coup de pinceau inimitable ». Comme le dit Duchamp : « Au fond, je ne crois pas à la fonction créatrice de l'artiste. C'est un homme comme un autre, voilà tout. C'est son occupation de faire certaines choses, mais le businessman fait aussi des choses...[14] ».

Et c'est là où le commentaire de l'audioguide fait un parallèle entre cette création et les *Ready made* de Marcel Duchamp. Cela montre deux choses. Tout d'abord, l'importance de la filiation historique : l'art est une pratique, un geste posé qui s'inscrit dans tout le reste des gestes posés. Ensuite, l'influence fondamentale de Duchamp sur l'art contemporain : « Duchamp a dépassé le moderne pour entrer dans le contemporain justement en déniant tout absolu en art[15] ». L'œuvre de Duchamp ne marque pas une « évolution, ni même une révolution, dans l'histoire de l'esthétique moderne, mais une véritable mutation[16] ».

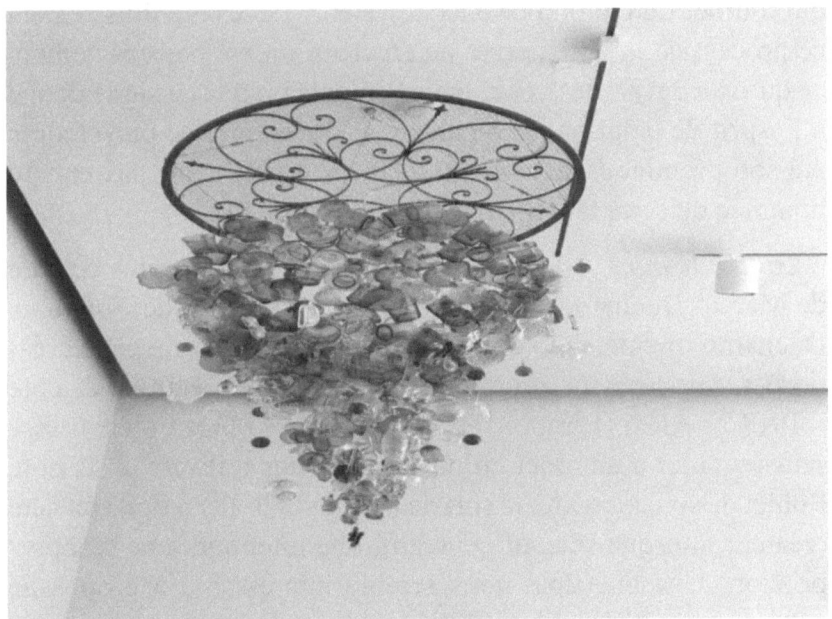

Lustre, Claudie Gagnon. 1998. (170 cm de hauteur x 115 cm de diamètre).

Marcel Duchamp dégage « la création des entraves morales, formelles et matérielles ». Il rejette la « nécessité de la technique pour s'exprimer en art[17] ». Selon lui, « l'art est d'abord cosa mentale[18] ». Ainsi, il est vraiment à l'apogée du processus d'autonomisation artistique. Ici, l'intérêt des œuvres n'est pas esthétique ou plastique, mais bien critique ou philosophique. L'art fait ainsi appel à la matière grise et non à la rétine. En outre, Duchamp remet en question la notion d'art. En effet, au travers de ses *Ready made*, il pose la question des critères qui font d'un objet une œuvre d'art. Autrement dit, il remet en question l'art par sa pratique de l'art. Un *Ready made* est « objet quotidien [ou assemblage d'objets] soustrait à son contexte utilitaire et transposé tel quel dans le monde de l'art[19] ». Ces objets ne sont pas modifiés, mais désaxés. Deux exemples de *Ready made* permettront ici de mieux saisir le phénomène. Dans, son atelier l'artiste possédait une roue de bicyclette. Le mouvement de celle-ci lui faisait penser au mouvement du feu. N'ayant pas de cheminée, il décida d'en créer une : ce sera la roue de vélo qui tourne. La citation de Jacques-Henri Lévesque illustre bien ce processus : « Une œuvre de Duchamp n'est pas exactement ce qu'on a devant les yeux, mais l'impulsion que ce signe donne à l'esprit de celui qui le regarde[20] ». Cette roue de bicyclette a été son premier *Ready made*, même s'il ne l'avait pas encore nommée de cette façon.

Le *Ready made* est sans aucun doute l'œuvre la plus célèbre de Marcel Duchamp. Il s'agit, non sans surprise, de *Fontaine*. Duchamp (même si un doute persiste sur l'auteur de cette création) a retourné un urinoir et l'a signé « R. Mutt » et daté « 1917 ». Ainsi, l'urinoir est passé d'un « objet qu'on utilise sans regarder à un objet qu'on regarde sans utiliser[21] ». Il isole l'objet de son contexte, le sort de l'anonymat. Il y a donc un acte créateur, puisque sélectif et créatif, une intention, une réappropriation. Une anecdote nous semble intéressante à propos de cette œuvre. Pierre Pinoncelli, connu pour ses actes « iconoclastes et subversifs », a attaqué à deux reprises l'urinoir de Duchamp (1993 et 2006)[22]. En effet, il donna un coup de marteau sur *Fontaine* et urina dedans. C'était pour lui un hommage à Duchamp et à son concept de « *ready made* réciproque », dont on parle beaucoup moins. Comme l'a rappelé Pinoncelli, il s'agit de prendre une œuvre d'art et de s'en servir comme objet du quotidien.

En ce qui concerne Duchamp, il est important de garder en mémoire que, pour lui, ce sont les « regardeurs » qui font l'œuvre d'art : « L'œuvre d'art ne vaut point tant par ce que son créateur y a condensé de talent et d'expérience que par les résonnances et les harmoniques le plus souvent imprévues qu'elle déclenche chez le lecteur ou le « regardeur »[23]. En ce sens, l'œuvre n'est qu'un aspect de l'art : « L'art n'est toujours qu'à moitié terminé, il n'est complet que s'il existe un public pour en témoigner. Il devient alors la combinaison de ce public et de l'œuvre elle-même [24]». Dans cette perspective, la responsabilité du public est très importante, puisqu'en définitive, c'est à lui que reviendra de décider si l'objet est ou non une œuvre d'art. Autrement dit, c'est le regard du spectateur qui transforme ou non l'objet en œuvre.

Cette problématique, « qu'est-ce qui fait que l'art est de l'art ? », nous a beaucoup intéressé. Nous avons donc cherché d'autres pistes de réponses dans des travaux d'auteurs tels que Becker ou Arendt.

Les positions de Becker et Arendt

Commençons par Becker. Selon cet auteur, il faut, pour répondre à cette question, regarder les relations et les processus qui entourent un objet et non cet objet ou son créateur lui-même.

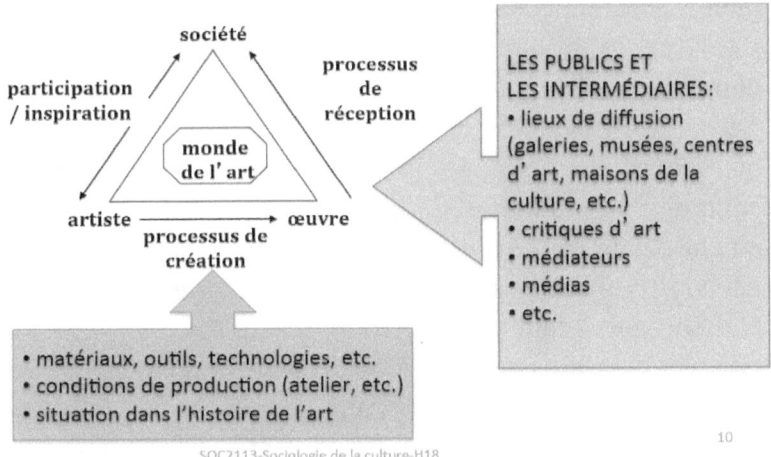

Est donc une œuvre d'art ce qui appartient au monde de l'art. Or, comme nous pouvons le constater dans le schéma ci-dessus, pour Becker le monde de l'art est constitué de l'œuvre, de l'artiste, d'intermédiaires et d'un public. Par exemple, une œuvre qui n'est pas diffusée ne « fonctionne » pas comme de l'art puisqu'elle n'a pu être appréciée. De plus, le sociologue affirme que l'artiste n'est pas seul à produire l'œuvre. Les créations artistiques sont généralement le résultat de la coopération de plusieurs personnes dont les activités engendrent des réseaux qui les relient selon un ordre établi. En effet, une œuvre d'art ne peut être réalisée qu'en impliquant une multitude de personnes, chacune s'employant à un « faisceau de tâches[25] ». Prenons un exemple très simple : un peintre ne peut créer sa toile s'il n'a pas de peinture. Or, cette dernière est généralement le fruit du travail d'une autre personne. La coopération se fait de manière régulière et, pour que les différents individus puissent se mettre d'accord sur les modalités d'action sans les redéfinir chaque fois dans des négociations qui repartiraient de zéro, ils font appel à des conventions (« règles, normes, méthodes habituelles de travail dans le domaine artistique considéré[26] »). Celles-ci concernent le choix des matériaux, les procédés à utiliser pour traduire des idées, la forme qui résultera de l'application des procédés retenus, les dimensions de l'œuvre et même les relations entre l'artiste et le public. De là, les conventions font peser de lourdes contraintes sur les artistes, puisqu'elles concernent les équipements, les matériaux, les sujets, la formation, les installations, les lieux disponibles, les notations… Elles sont d'autant plus contraignantes qu'elles s'érigent en systèmes, une modification en entraînant souvent d'autres. Cependant, elles libèrent les artistes de nombreuses tâches grandes consommatrices de temps et d'énergie. Il faut aussi noter qu'elles ne sont ni rigides ni immuables, qu'elles peuvent être négociées, et que des artistes peuvent décider de rompre avec elles ou de les faire évoluer dans un sens inhabituel. Toutefois, s'affranchir totalement des règles communément admises n'est pas sans risque pour l'artiste.

Becker rejoint donc Duchamp sur l'importance accordée au regardeur. Cependant, son analyse va plus loin, dans le sens où est art ce qui participe du monde de l'art. Or, le monde de l'art et ses manières de fonctionner comportent selon lui davantage de maillons que la seule relation entre l'œuvre et son spectateur.

L'analyse de Becker me permet aussi d'analyser les accusations qu'ont subies les œuvres de Duchamp (« hermétisme gratuit, intellectualisme glacial et détaché[27] »). Ces critiques viennent selon moi de sa rupture avec les conventions. Il avait un côté subversif. Comme le note Breton : « Notre ami Duchamp est assurément l'homme le plus intelligent et (pour beaucoup) le plus gênant de cette première partie du XXe siècle[28] ». Rappelons que *Fontaine* n'a pu faire partie de l'exposition de la Société des artistes indépendants de New York en 1917 (alors que tout membre pouvait normalement exposer l'œuvre de son choix moyennant un droit de six dollars). Celle-ci a été qualifiée d'« objet immoral et vulgaire ; [de] plagiat et [de] pièce commerciale ressortissante à l'art du plombier[29] ».

Jana Sterbak, qui a exposé une robe faite de larges tranches de viande de boeuf au Musée des Beaux-arts du Canada a, elle aussi, brisé des conventions et essuyé moult critiques. « Le doute quant à la nature artistique de l'œuvre a été soulevé par les détracteurs. On argua que ce qui est comestible est du domaine de la vie personnelle » et ne peut faire partie du domaine artistique. Les médias relayaient la

> « déception [du public et de certains critiques] face à une œuvre qui ne satisfait pas aux attentes esthétiques, mais paraît au contraire triviale, ordinaire, impure, non finie ». Ces derniers ne voulaient « percevoir comme recherche plastique ce qui semble dénué de tout travail artistique[30] ».

Cependant, il semblerait, comme le note Catherine Millet, que ces pratiques qui consistent à briser les conventions se généralisent dans l'art contemporain.

Cette première analyse montre que le qualificatif « art » n'est pas l'attribut naturel d'un objet, mais bien un construit social. Utiliser le terme « art » à propos de quelque chose montre qu'on lui attribue une valeur particulière. Or, les valeurs ne se construisent que socialement. D'ailleurs, selon l'époque ou le lieu dans lequel on se situe, ces critères peuvent varier. Notons aussi que cette caractéristique performe dans l'espace public : attribuer le caractère d'art à quelque chose n'est pas sans implication.

Hannah Arendt a une approche bien différente de celle de Becker. Pour elle, est art ce dont la fonction est uniquement culturelle. L'art n'a pas d'usage, il ne sert à rien, à part exister en tant qu'art. Par conséquent, il ne s'use pas, il ne fait pas l'objet d'une consommation. Ainsi, « seul ce qui dure à travers les siècles peut finalement revendiquer d'être un objet culturel[31] ». Les objets d'art sont

> « les plus mondaines des choses. Davantage, elles sont les seules choses à n'avoir aucune fonction dans le processus vital de la société ; à proprement parler, elles ne sont pas fabriquées pour les hommes, mais pour le monde, qui est destiné à survivre à la vie limitée des mortels, au va-et-vient des générations[32] ».

D'ailleurs, elle affirme que *si* les choses sont jugées d'après le critère d'utilité, elles « perdront par là leur valeur intrinsèque, indépendante, pour dégénérer en simples moyens[33] ». Cependant,

> « l'éphémérité est devenue une marque particulière du contemporain : des disciplines comme la performance se sont peu à peu imposées, des œuvres in situ, des interventions ponctuelles ne restent dans la mémoire que par le biais de documents photographiques ou vidéographiques[34] ».

Ceci nous pousse à nous demander si la théorie d'Hannah Arendt est encore compatible avec les arts contemporains. À ce titre, les photographies de la page suivante ont été réalisées à l'exposition Giacometti et nous permettent de rappeler qu'un musée est organisé et pensé de manière stratégique. Ici, par exemple, seule une œuvre a été placée dans une vitrine de verre.

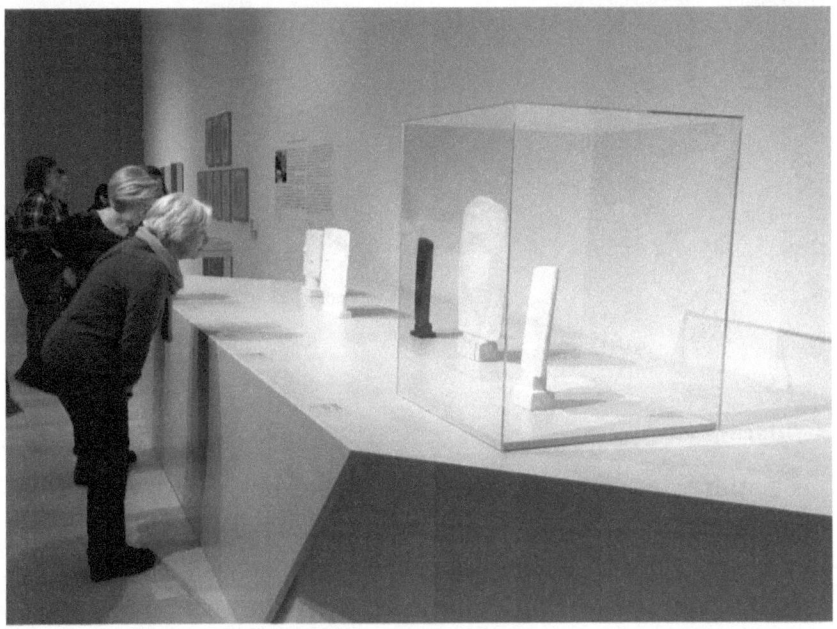

Concrètement, l'organisation de l'espace d'un musée est un médium de communication et sa mise en place est productrice de sens. Selon André Desvallées, l'expographie « vise à la recherche d'un langage et d'une expression fidèle pour traduire le programme scientifique d'une exposition[35] ». Il s'agit donc de l'ensemble des techniques de présentation, de communication et de médiatisation qui ont pour intention « de faire comprendre, faire découvrir, faire savoir, tant avec la langue naturelle qu'avec d'autres moyens comme les images, les sons, etc.[36] ».

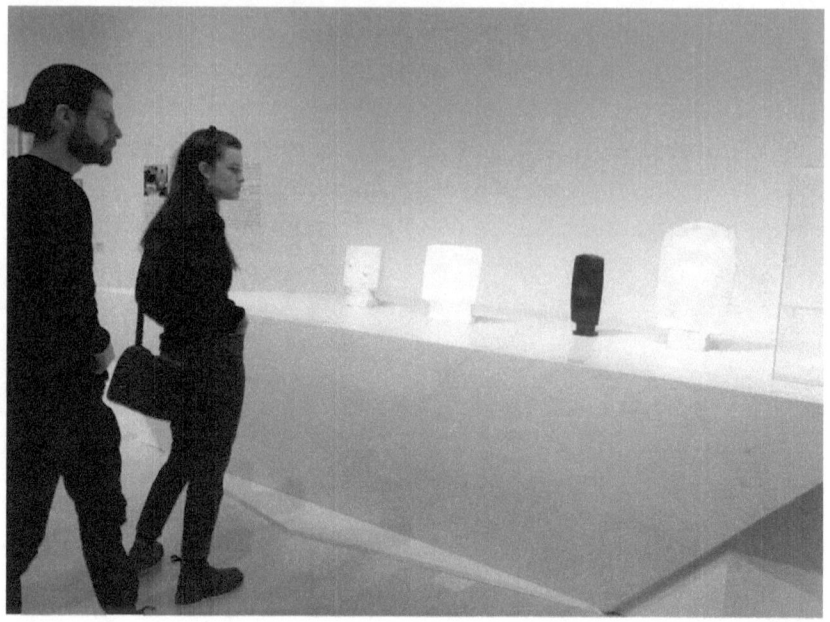

Constat

Le musée est donc un territoire visuel pensé et travaillé, au sein duquel un parcours visuel est proposé par les organisateurs de l'exposition. Le chemin des visiteurs y est plus ou moins déterminé dans le but d'infléchir le sens de leur visite (se focaliser surtout sur telle œuvre, voir d'abord l'œuvre X afin de mieux comprendre l'œuvre Y, etc.). Plus l'art déconstruit le sens, plus le besoin d'une expographie productrice de sens va se faire sentir. Nous voudrions également partager une réflexion de Catherine Millet, pour qui l'art contemporain complique, par la nature de ses procédés et de ses matériaux, le travail des conservateurs de musée. Par exemple, le rôle des conservateurs est maintenant ambigu. En effet, le conservateur est désormais « celui qui assure la pérennité [...] d'un art en train de se faire, et qui surtout s'autorise de multiples métamorphoses, embardées et revirement[37] ».

Mais revenons à notre problématique directrice : Qu'est-ce qui fait que l'art est de l'art ? Comme l'affirme Bourdieu, « la fameuse révolution de Duchamp consiste à dire que c'est l'exposition dans un lieu sacré qui consacre comme artistique une chose comme une roue de bicyclette ou un urinoir ». Le musée produit donc un effet de consécration. Cela nous donne donc une troisième piste d'analyse : serait de l'art ce qui aurait été consacré comme tel. Les musées seraient ainsi, comme l'étaient les académies auparavant, des instances de catégorisation et de classement.

Consciente que les principales problématiques traitées dans cet article, à savoir les spécificités de l'art contemporain et les caractéristiques qui amènent à nommer un objet « art », mériteraient un travail de plus longue haleine et une analyse plus poussée de la littérature existante. Cependant, nous pensons que ce bref article a pu éclairer quelques questionnements et soulever certaines hypothèses intéressantes. Le principal point à retenir, à notre avis, est que le qualificatif « art » est un construit social et non l'attribut naturel d'un objet. Loin d'être un universel, il varie selon les lieux, les époques, et même, comme il a été démontré, selon les auteurs : pour Duchamp c'est le regardeur et le musée qui font d'un objet une œuvre d'art ; selon Becker, c'est sa place dans le monde de l'art, et pour Arendt, l'art est réservé aux objets dont la fonction est uniquement culturelle.

Références

[1] Despinescu, L. (2018), « Essai introductif — Croisements et contre-courants : du décloisonnement des arts et de leurs transgressions au XXe siècle », *Concordia Discors vs. Discordia Concors*, p. 1.

[2] Millet, C. (2006), *L'art contemporain — Histoire et géographie*, Paris : Flammarion, p. 110.

[3] Bourdieu, P. (1971), « Le marché des biens symboliques », *L'Année sociologique*, vol. 22, pp. 50-51.

[4] Arbour, R. M. (1999), « Introduction » et « Autour de la notion d'art », *L'art qui nous est contemporain*. Montréal : Artexte, p. 36.

[5] *Idem*, p. 21.

[6] *Idem*, p. 22.

[7] *Idem*, p. 21.

[8] *Idem*, p. 20.

[9] Bourdieu, P. (1971), *op. cit.*, p. 68.

[10] Bellavance, G., Valex, M. & de Verdalle, L. (2006), « Distinction, omnivorisme et dissonance : la sociologie du goût entre démarches quantitative et qualitative », *Sociologie de l'Art*, opus 9 & 10, n° 2, p. 5.

[11] Arbour, R. M. (1999), *op. cit.*, p. 17.

[12] Millet, C. (2006), *op. cit.*, p. 38.

[13] *Idem*, p. 41.

[14] *Idem*, p. 46.

[15] Arbour, R. M. (1999), *op. cit.*, p. 22.

[16] Duchamp, M. (1994), *Duchamp du signe*, Paris : Flammarion, p. 15.

[17] Fride-Carassat, P. (2017), *Les mouvements dans la peinture*, coll. Essais et Documents, Paris : Larousse, p. 121-122.

[18] Garrigou-Lagrange, M. (2013), « Marcel Duchamp (1887-1968) », *Une vie, une œuvre*, URL : https://bit.ly/2xbBsur.

[19] Fride-Carassat, P. (2017), *op. cit.*, p. 121.

[20] Lévesque, J. H. (2007), « Les machines de Marcel Duchamp mettent l'esprit en mouvement », *La non-circularité du Cercle*, éd. Jacques Bardoul, Paris : LNCDC, p. 7.

[21] Laverdière, M. (2017), *Fontaine : variations autour de l'urinoir de Marcel Duchamp*. Montréal : Les éditions du passage, p. 23.

[22] Dubromel, M. F. (2017), « Have you taken your Pinoncelli today? », *L'inter art actuel*, vol. 127, p. 21.

[23] Duchamp, M. (1994), *Duchamp du signe*, Paris : Flammarion, p. 28.

[24] Laverdière, M. (2017), *op. cit.*, p. 13.

[25] Becker, H. S. (1988), *Les mondes de l'art*, Paris : Flammarion, p. 34.

[26] *Idem*, p. 53.

[27] Duchamp, M. (1994), *op. cit.*, p. 22.

[28] *Idem*, p. 23.

[29] Laverdière, M. (2017), *op. cit.*, p. 20.

[30] Arbour, R. M. (1999), *op. cit.*, p. 27.

[31] Arendt, H. (1981), *La crise de la culture*, Paris : Gallimard, p. 260.

[32] *Idem*, p. 269.

[33] *Idem*, p. 276.

[34] Arbour, R. M. (1999), *op. cit.*, p. 17.

[35] Desvallées, A. (1996), « L'expression muséographique. Introduction », *Rencontres européennes des musées d'ethnographie*, (1993), Paris : Musée National des Arts et Traditions Populaires-École du Louvre, pp. 173-221.

[36] Gharsallah-Hizem, S. (2009), « Le rôle de l'espace dans le musée et l'exposition », Érudit, URL : https://bit.ly/2CQFX3B.

[37] Millet, C. (2006), *op. cit.*, p. 21.

La réhabilitation des gribouillis de Kafka

Auteur : Louis Lemonon, sociologue

Franz Kafka (1883-1924), auteur autrichien, fils d'une famille juive bourgeoise, connaît une enfance assez solitaire. Il entretient des relations difficiles avec son père et distantes avec sa mère. Il hésite entre les beaux-arts et le droit, mais se dirige finalement vers ce dernier. Immédiatement après ses études, il travaillera au tribunal de Prague. Auteur peu publié de son vivant, il développera un univers très sombre où l'individu est oppressé par la bureaucratie et la figure du père. Dans son œuvre, la société est impersonnelle et hostile ; pourtant l'individu reste responsable de son destin tragique.

En sus de ses écrits, Kafka a beaucoup dessiné. Sa position est celle de l'observateur, qui permet de faire abstraction de toute mystification ou déification des hommes. Son point de vue sur le monde l'amènera à une interprétation par cercles superposés ; chaque cercle en oppressant un autre et étant lui-même oppressé par un cercle supérieur. Cette représentation de la société est retranscrite dans ses dessins par un lissage de l'homme, une dépersonnification mettant tout le monde sur un pied d'égalité. Maîtres ou esclaves, ce sont des hommes.

À travers ses dessins, Kafka livre un témoignage accablant et subjectif de son époque. Par son œuvre, il se place en reporter atypique en utilisant le sens commun pour montrer la figure de la société qui l'entoure. En produisant ses propres images, il participe sans le savoir à un travail général d'empirisme visuel. Cependant, faut-il ici préciser que Kafka ne dessinait pas, il gribouillait, une activité ininterrompue qu'il pratiquera tout au long de sa vie. Ils figurent sur ses cours polycopiés de droit civil, sur les feuilles volantes du bureau des Assurances générales où il a travaillé, sur ses carnets de voyage, dans son Journal, en marge de ses écrits, dans sa correspondance avec sa sœur Ottla ; il en fit aussi sur son lit d'agonie, lorsque, en phase terminale, il eut perdu la voix. Si, toute sa vie, Kafka a souvent douté de ses écrits, il n'a jamais mis en avant ses esquisses. Elles ne seront connues du grand public qu'après sa mort, le 3 juin 1924 à 40 ans, en demandant que ses écrits soient détruits, mais son ami Max Brod s'y refuse.

Kafka dans la sociologie

Par ses gribouillis, Kafka propose une vision de la réalité sociale, sa réalité sociale, suivant l'idée d'Edgar Morin, où « l'imaginaire est plus réel que le réel[1] ». Ce faisant, si le but recherché par Kafka dans ses écrits n'est pas de distraire, mais d'« agir sur nous comme un malheur qui nous frappe[2] », on peut penser que ses dessins possèdent la même trame fédératrice, puisqu'ils n'ont rien de distrayant et contraignent à une prise de conscience sur les mœurs de son époque.

Pour Joseph Gabel (1912-2004), qui propose une analyse sociologique s'appuyant sur la littérature de Franz Kafka, il y aurait là une chosification de l'existence par « l'expérience de la réalité humaine (…) en tant que chose[3] », où l'individu aliéné fait passer son attachement à sa routine avant sa propre existence ; se transformer en monstre est donc moins important que d'arriver en retard au travail. En suivant les œuvres de Kafka, Gabel illustre ainsi ses théories sur la réification et l'aliénation sociale, les inscrivant dans le champ d'une sensibilité kafkaïenne.

Pour Bernard Lahire, qui s'intéresse à l'œuvre de Kafka sous l'angle d'une sociologie de la littérature, il s'agit avant tout d'utiliser la biographie sociologique afin d'expliquer pourquoi un auteur écrit ce qu'il a écrit comme il l'a écrit. L'autre problème que Lahire rencontre est « comment appliquer la sociologie à un cas unique ?[4] ». De son point de vue, la solution est de prendre des théories qui ont déjà fait leurs preuves et de les appliquer à l'œuvre de Kafka. Alors que l'artiste faisait le travail qui consistait à effacer, transformer la réalité, le sociologue réalise le travail inverse : retrouver le sens caché du social. C'est dans ce but que l'on peut mettre les dessins de Kafka au service de la sociologie visuelle, en déconstruisant la représentation de ses images pour en extraire les émotions qui s'y cachent.

Kafka partagé

> « Voici, mon bien cher Max, ma dernière prière : tout ce qui peut se trouver dans ce que je laisse après moi (c'est-à-dire, dans ma bibliothèque, dans mon armoire, dans mon secrétaire, à la maison et au bureau ou en quelque endroit que ce soit), tout ce que je laisse en fait de carnets, de manuscrits, de lettres, personnelles ou non, etc. doit être brûlé sans restriction et sans être lu, et aussi tous les écrits ou notes que tu possèdes de moi ; d'autres en ont, tu les leur réclameras. S'il y a des lettres qu'on ne veuille pas te rendre, il faudra qu'on s'engage du moins à les brûler. À toi de tout cœur[5] ».
>
> *Franz Kafka*

Kafka, dans son testament, demande la destruction de ses écrits et dessins. Son ami Max Brod désobéit à ses dernières volontés et sauve certains de ses textes, ainsi que quelques dessins, en les découpant de leur page d'origine. Malheureusement, la séparation des dessins et des textes a provoqué une perte de contexte. Impossible de savoir à quel texte était rattaché tel ou tel dessin. Néanmoins, ils sont à mettre en rapport avec l'ensemble de l'œuvre de Kafka qui a développé un univers structuré fondé sur sa représentation de la réalité sociale du début du XXe siècle, entre République Tchèque et Allemagne ; une réalité angoissée et persécutée par les mécanismes sociétaux, subissant la violence symbolique et parfois physique du monde de derrière sa fenêtre.

L'héritage involontaire de Kafka, comme le souligne Max Brod, se présente comme suit :

> « Il pouvait nous transmettre les cours polycopiés sur le droit autrichien concernant les montagnes ou le droit civil. Ils étaient ornés de dessins pleins d'imagination dans les marges. Soigneusement, je découpais tout autour ces créations burlesques et je débutais ainsi une collection des dessins de Kafka[6] […] Ses dessins étaient à ses yeux une chose privée, encore plus intime que ce qu'il écrivait[6] ».

Les six figurines noires

Comme on peut le constater sur le dessin de la page suivante, les gribouillis de Kafka n'ont pas un aspect technique complexe. Cependant, ils offrent une profondeur d'interprétation au niveau symbolique et émotionnel. Il fait voir au-delà des coups de crayon pour déceler l'imprévisible sensation qui bondit en dehors de l'esquisse ; l'homme-en-noir est une représentation de Kafka lui-même. Il se représente rongé par l'ennui et le poids des cadres structurels. L'image captée projette le spectateur dans une perception visuelle profonde des émotions.

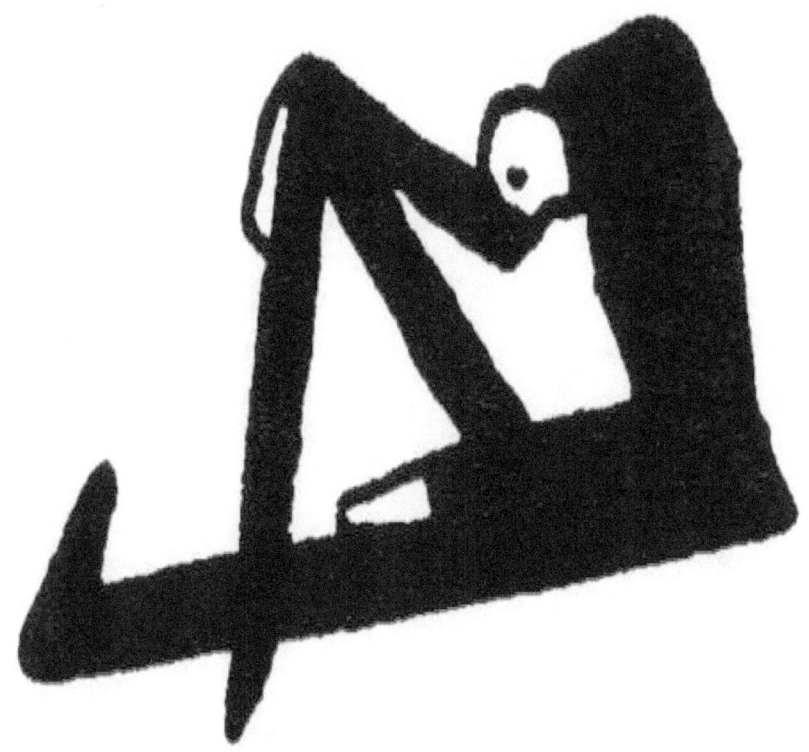

Ce corpus, incluant le dessin ci-dessus, représente l'homme marionnette en six sketchs mettant en scène l'inhumaine condition de son existence. Il se place de dos ou de profil, ignorant le regard extérieur pour exprimer « tel est le spectacle de ma condition[7] ». Kafka désigne ses dessins par le terme de « hiéroglyphes ». Il s'identifie au personnage qu'il dessine allant jusqu'à le surnommer « K ». Les activités graphiques de l'écrivain sont en rapport direct avec sa condition d'existence tout entière.

Chez Kafka, le dessin est l'outil. Il déploie tout son sens : l'illustration ; la métaphore (le « comme si ») ; l'image accompagnatrice ; l'image proposée. Comme le souligne Jacqueline Sudaka-Bénézaraf,

> « Parfois les images proposées par le client sont d'une telle force, ont une telle présence, qu'elles ne

sont pas seulement un outil langagier, une façon de faire comprendre, mais bien un objet en soi, un contenu intérieur, qui demande la parole sans pouvoir la prendre[8] ».

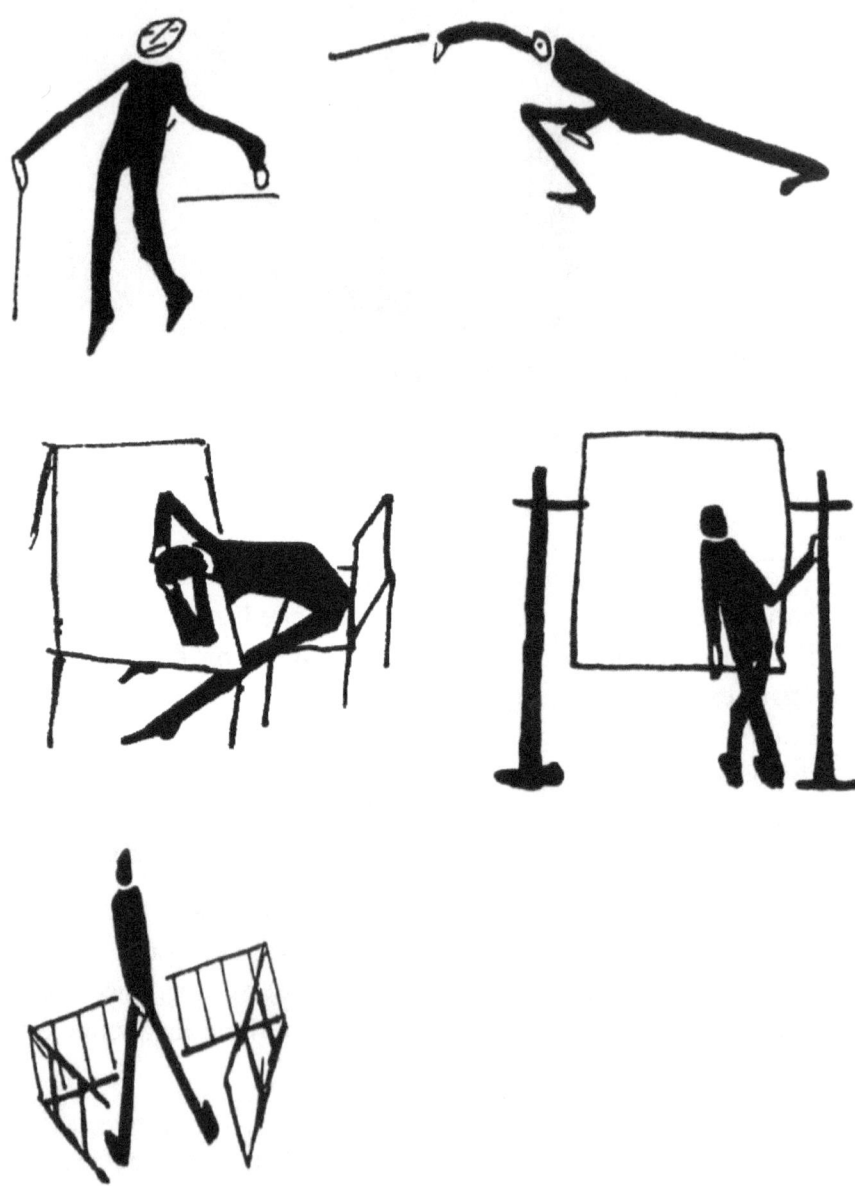

Si « percevoir visuellement, c'est penser visuellement[9] », la perception et les interprétations travaillent ainsi ensemble. En fait, le dessin pousse à l'interprétation. En voulant faire émerger la réalité sociale sur les images, elle ne peut passer sous silence cette étape. La perception n'est pas une réception passive. Elle repose sur des éléments que la sociologie doit venir interpréter. Comprendre ce qui fait qu'une image est captée, comprendre ce qui pousse une société à la diffuser, la partager, la critiquer, la déformer, tout en se reposant une méthodologie rigoureuse, est l'objectif de la sociologie visuelle. C'est également l'objectif de cet article.

Concrètement, il n'y a pas de hiérarchie d'images dans le domaine de la sociologie visuelle ; la vidéo, la photo prise par un journaliste, la photo prise avec un téléphone portable par un citoyen lambda, une publicité, un clip vidéo, ou un dessin griffonné sur un cahier ont la même importance. L'esthétique et l'auteur de l'image n'ont aucun impact sur la valeur et l'intérêt de la recherche. L'imaginaire de l'enfance associé au dessin ne doit pas venir influencer le jugement de ce travail. Un simple regard aux dessins de Kafka fait à la fois oublier l'idée que le dessin peut être maladroit et qu'il doit être, comme le voulait Kafka, être détruit.

Dessin kafkaïen et nouvelle problématique sociologique

Franz Kafka dessinateur est connu, même si pour certains, il se trouve encore dans un « désert du silence[10] », même si ses images ont été partagées. Toutefois il n'est pas le seul. Les dessins de Victor Hugo à sa fille Adèle dessinés dans une lettre sont publics. Les croquis et les notes d'Émile Zola, pris sur le terrain pour préparer Germinal, sont considérés comme des éléments essentiels de sa méthode d'enquête[11]. Stendhal a ponctué son récit autobiographique de schémas. Balzac aurait incorporé des dessins en plein milieu de ses descriptions[12]. Avec Franz Kafka, l'analyse change. Le dessin est évoqué, mais il peut être pris dans un autre contexte. Les dessins sont intéressants, mais leur contexte est inconnu. Les éléments sur le support, le moment, le destinataire et parfois même le titre des dessins sont secrets. Les traces de Kafka se différencient. Elles appellent à ne plus rester bloquer sur l'individu (l'artiste et son histoire), mais sur le collectif (le lien entre le dessin et la société).

De là, il existe forcément un imaginaire de Kafka, qui semble se répandre dans l'inconscient imaginaire. À travers la constante domination du noir dans les gribouillis de Kafka, peut-on décrire un archétype de son imaginaire ? Faut-il ici rappeler que Kafka ne trouve pas de sens à l'existence humaine, qu'il n'y voit aucune logique, sinon un rapport de force continue entre individus. Certains dessins paraissent illustrer les mêmes parcours chaotiques que les personnages de ses romans, comme l'homme tourmenté traversant le pont de Charles à Prague, de la même manière que le protagoniste du procès.

L'individu représenté par Kafka est très sobre, habillé de manière convenue. C'est une vision sans relief, à la fois intégrée et noyée dans la société. Les repères visuels se décryptent en réseau. L'homme affiche un visage séduisant et triste, un aspect peu terrestre à son sourire pâle, comme le miroir d'une mélancolie existentielle.

L'absence d'environnement, de superflu et de couleurs dans ses dessins apporte un effet de silence omniprésent, témoin d'une solitude de l'être, mais qui n'est jamais envahissant. Il utilise le noir pour l'ombre, l'ombre organisatrice, mais aussi l'ombre impersonnelle qui n'est qu'une silhouette dénuée d'identité. D'ailleurs il ne nomme pas ses croquis ce qui renforce cette perte de singularité, d'où l'idée d'« un espace à la frontière du visible[13] ».

Dans ses dessins, Kafka sélectionne ce qui doit être vu, afin de montrer quelque chose. Il ne s'embarrasse pas de détails, d'horizon, d'environnement. Le dessin fait ressortir les éléments auxquels le dessinateur donne du sens. C'est une pensée épurée de ce qui n'a pas une importance notable pour le créateur où l'œil n'est en rien distrait par un surplus d'informations. En dessinant, c'est un morceau de réalité qu'il met en lumière. En fait, les dessins de Kafka amènent à l'interprétation de sa vision de la réalité sociale. Si les couleurs apportent avec elles des émotions et un sens de plus à l'interprétation visuelle, le noir est omniprésent dans l'univers de Kafka, il appuie l'oppression, la fatalité des scènes et le silence qui règne sur l'image. Le rapport entre l'homme et l'objet, dans les dessins de Kafka, porte inévitablement une signification d'aliénation. L'objet supporte l'homme. Il supporte le poids de son désespoir, il l'aide à se déplacer. En ce sens, les cannes, ponts, et charrettes sont autant de repères visuels qui vont dans ce sens.

**La critique sociale de Kafka :
une sociologie avec des gribouillis ?**

Le sociologue Douglas Harper explique que la sociologie visuelle peut être divisée en deux branches. Il y aurait celle de la méthodologie fournissant les outils nécessaires à l'analyse de la réalité sociale et celle de la voie « culturologique » fournissant les moyens pour analyser les photos existantes et y chercher les éléments indicatifs de la culture et des relations sociales : « l'image entre dans le domaine de l'enquête sociologique comme objet d'étude et instrument de recherche[14] ». Partant de là, il s'agit de voir si les dessins de Kafka pourraient éventuellement être analysés en fonction de l'une de ces deux voies, en présentant d'une part une voie culturologique plus large que la recherche de l'imaginaire kafkaïen, et d'autre part un moyen de considérer les gribouillis sous l'angle d'un instrument de recherche pertinent.

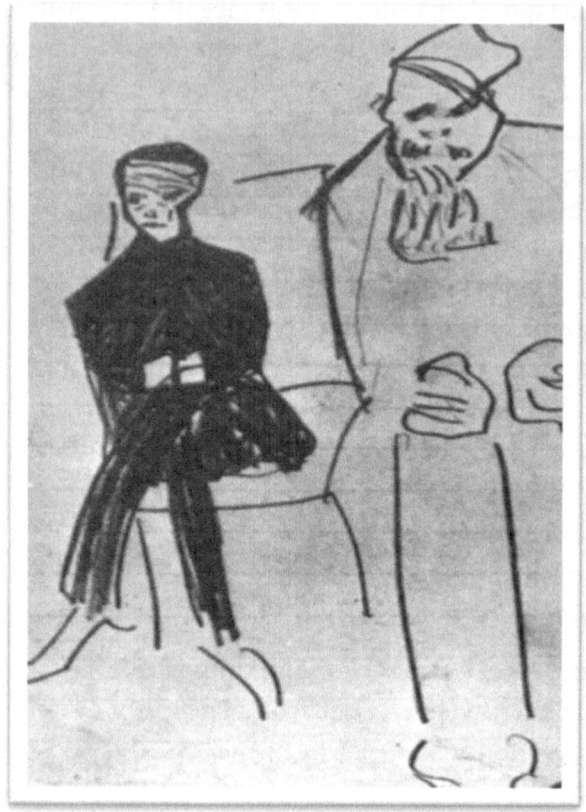

Nouvelles questions autour des dessins de Kafka

Les dessins de Kafka nous captent et nous renvoient irrémédiablement à un imaginaire particulier. Comme il a été démontré précédemment dans l'interprétation des six figurines noires, voir le dessin fait voir l'imaginaire noir du personnage, mais les dessins de Kafka ne sont pas que ces six figurines noires. L'héritage de Kafka est plus vaste, et c'est pour cela qu'il pose une nouvelle problématique. Percevoir les dessins de l'auteur ne fait-il pas interpréter quelque chose de plus vaste ? Alors qe Kafka n'accordait qu'une valeur artistique à cette deuxième activité qu'est celle de dessiner, qu'elle n'était pour lui qu'accessoire, l'était-elle vraiment ?

À notre avis, Kafka n'a pas mis d'intention dans son dessin ; il dessine ce que ses yeux voient et ce que sa tête pense. Il se place dans le vide dans lequel doit se placer l'observateur. Son regard est attiré par l'environnement en tant qu'objet « perceptible, offert, exposé à une conscience[15] ». Ne dira-t-il pas « La plus belle description littéraire est dévorée par le plus piètre dessin[16] » ?

À ce titre, dans son ouvrage sur la sociologie de l'aliénation, Joseph Gabel fait remarquer la présence d'un monde réificationnel. L'univers kafkaïen serait le monde de l'écrasement de l'humanité et de l'expérience de la chosification. Certains dessins de Kafka ne pourraient-ils pas servir à montrer cette réification, cette complexité de l'univers dans lequel la destruction de la liberté mentale devient la norme[17] ? Aucune théorie sociologique ne devrait se passer de l'image et celle de Joseph Gabel non plus.

Certains dessins de Kafka se rattachent au cycle du *Procès*. Sa fiction s'inspire de son vécu personnel. Ses dessins le font aussi. Ils ne sont pas « l'illustration des récits » que l'auteur condamnait tant[18]. « L'homme de la campagne attend vainement jusqu'à l'heure de la mort la possibilité d'accéder à la loi (…) Il en oublie de vivre (…) La loi lui demeure inaccessible sans qu'aucune raison ne lui soit donnée[19] ». Si on examine le dessin de gauche, on peut supposer[20] que l'homme en question est l'homme du village du procès. L'homme du village est l'homme pris dans la réalité de la justice à l'époque de Kafka. On voit alors que le gardien qui le surveille est représenté plus grand, plus épais et d'une manière très impersonnelle. Le gardien de la justice est un « géant[21] ».

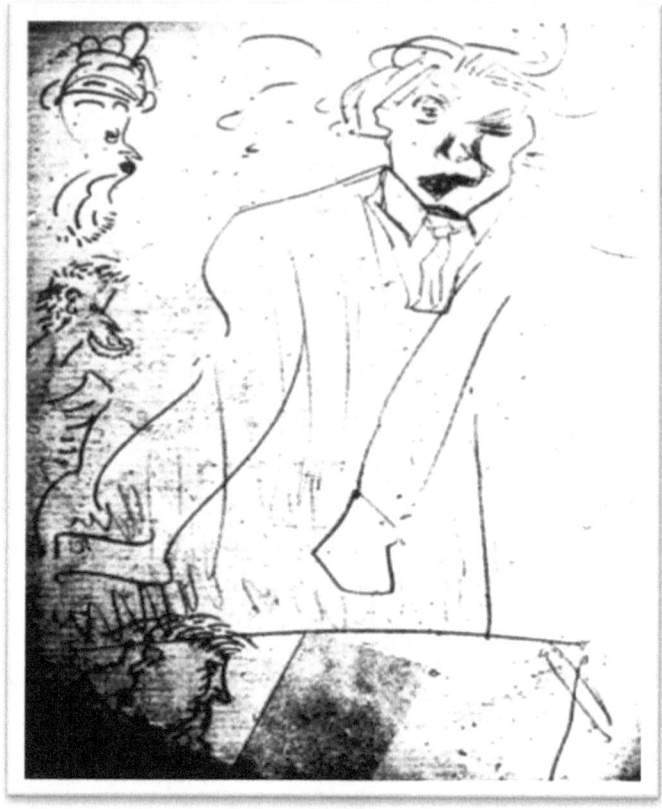

Le dessin du juge se rattacherait à la même œuvre, mais là encore, Kafka n'a jamais entendu faire de ce dessin une illustration du procès[22]. C'est quelque chose d'autre qui motive le dessinateur. Serait-ce la réalité de son époque ? Serait-ce la centralité de la place du magistrat dans le procès (le magistrat est posé au centre de l'image) ? Serait-ce le double visage de la justice (un côté du visage est dessiné avec soin tandis que l'autre est « sauvage[23] ») ? Serait-ce encore « l'aspect animal » de l'auditoire[29] ? Ou serait-ce, d'une manière plus générale, le témoignage d'un avocat (Kafka lui-même ?) traduisant la disparition de la condition humaine dans les tribunaux (ni l'auditoire ni le magistrat ne semblent humains) ? Franz Kafka aurait-il fait une démonstration de la réalité judiciaire à travers ces dessins ? Rien n'est moins sûr. Le contexte suffit-il à faire parler ces dessins dans un cadre sociologique ? Il nous semble que ce soit possible.

Les dessins de la vie quotidienne : sociologie de la vie quotidienne ?

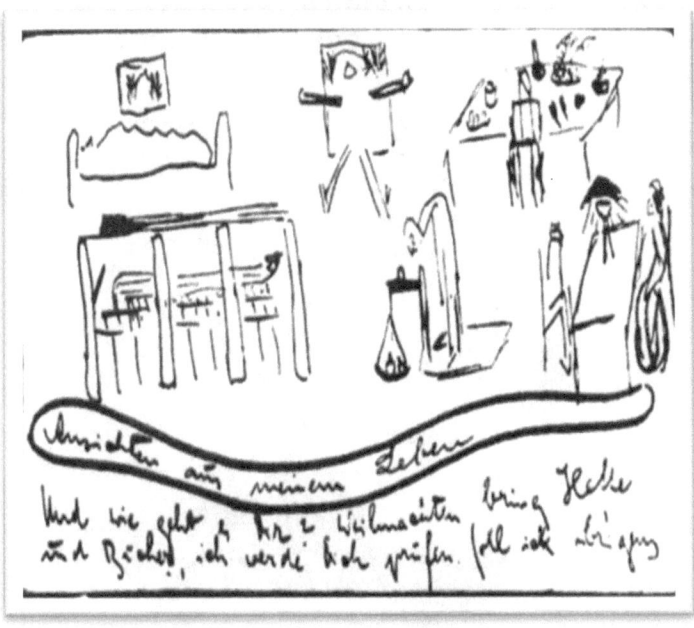

La pertinence sociologique des dessins de Kafka augmente-t-elle en fonction de l'objet dessiné ? Il s'agit là d'une question qui mérite d'être posée, car il est possible de réaliser une certaine catégorisation des dessins de Kafka. Les « scènes de ma vie[24] » en sont une possibilité. Le titre est de Kafka lui-même[25]. Le thème est d'ailleurs le même que celui des six figurines noires : « dormir, manger, se peser pour surveiller son poids[26] ». On retrouve l'imaginaire noir de Kafka, mais aussi une représentation de la routine calée dans le quotidien. Ce dessin est-il «la présentation de soi[27] » de Franz Kafka ? Ce dessin, adressé à sa sœur, où Kafka est « dans la machine à torturer[28] », n'était-il pas un moyen de décrire le concept de « routine » ? L'alternance de la position coucher/debout induite dans le choix du mobilier (douche-lit-chaise) amène à ressentir le poids de la structure du quotidien. Une structure qui ne laisse jamais le temps à l'individu de trouver sa place. Là encore, il ne s'agit que d'une question et d'un raisonnement rendus possibles par le réalisme des dessins de Kafka.

Les dessins satiriques : un outil d'observation pour la sociologie de l'exclusion (et de la déviance) ?

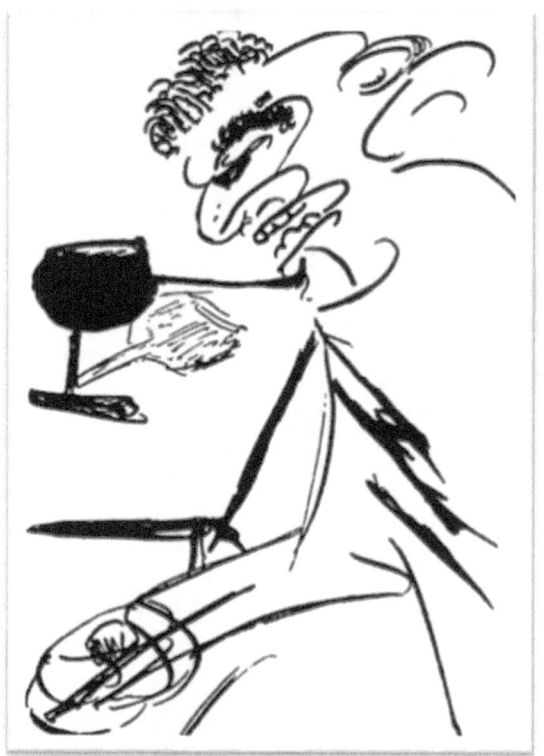

Dans l'une des catégories d'analyse des dessins de Kafka, on retrouve « le buveur ». Il s'agit du dessin sans contexte par excellence. Ni date et ni titre de la part de l'auteur. Le verre du buveur est toujours mis en avant (l'ombre blanche du verre, la taille est disproportionnée par rapport à la tête). Les traits sur le vêtement font penser à une tâche de vin. Tout est grossi, tout est exagéré dans les traits de Kafka. Il s'agit presque d'une caricature. Malgré tout, la caricature artistique ne peut-elle pas refléter autre chose qui intéresse la sociologie de la déviance (et de l'exclusion), le poids d'un stigmate, les effets d'un conformisme et d'une conscience morale fermée dans sa représentation de cet alcoolique ?

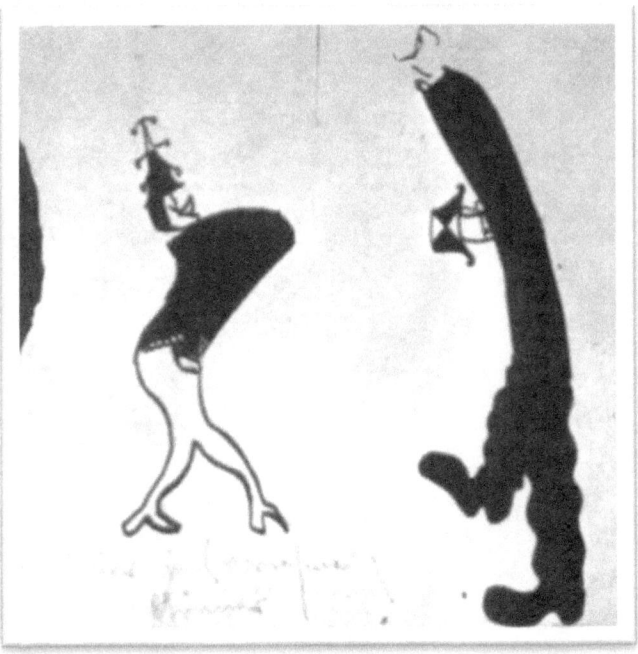

D'autre part, la manière satirique de représenter le « bienfaiteur » et le « quémandeur » (ainsi nommés par Kafka), ne traduirait-elle pas un imaginaire de l'exclusion ? Le fait que ce dessin mette face à face « la vanité féminine » (le bienfaiteur) et « l'obséquiosité masculine » (le quémandeur) surprend aussi[29]. Il y a sans doute là, encore, les signes (voire les symboles) d'un imaginaire que les dessins de Kafka sont amenés à travailler.

La parade patriotique : une sociologie politique de la Première Guerre mondiale ?

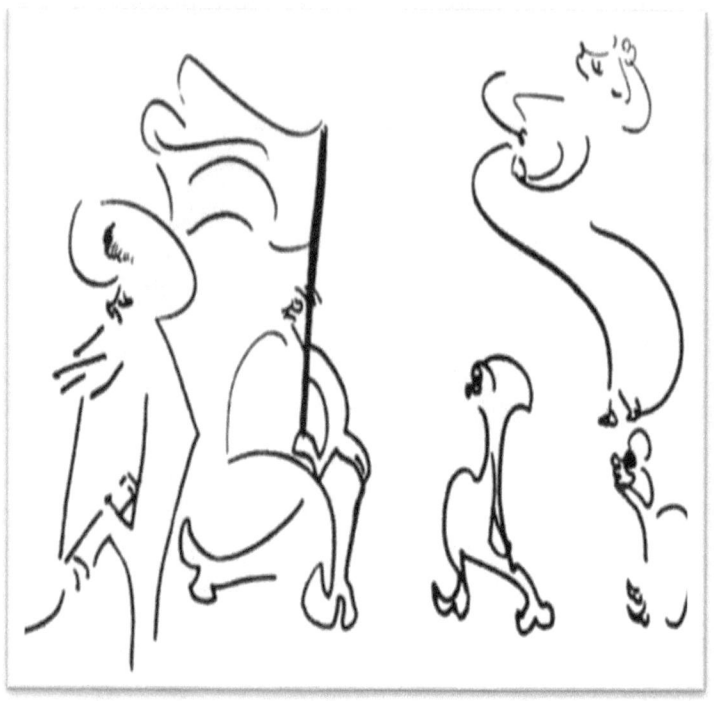

Ce dessin représente une scène de rue issue du journal de Kafka. Il y a là un contexte : le 6 août 1914. Mais même sans connaître la date exacte, on ressent l'idée centrale dégagée par Kafka : « l'absurdité de la guerre[30] ». « D'une plume vigoureuse, le mouvement du défilé va de la droite vers la gauche[31] » (un contresens illogique ?). Les soldats sont « gonflés[32] » (gonflés d'une sorte de courage ou de vanité et de suffisance ?). Ce dessin est l'illustration de « la méchanceté en vision humoristique[33] ». L'artiste pourrait voir là le style burlesque et parodique. La sociologie pourrait y voir là une manière de percevoir comment les citoyens se placent dans leurs rapports avec l'État (drapeau, symbole de l'État à défendre ?) et ses institutions (politiques). Kafka n'a pas choisi ce style ironique pour rien. Le choix d'un style en dit long sur la pensée de l'individu, qui elle, en dit beaucoup sur celle d'une société. À notre avis, le rapport dominants/dominés, sur la scène politique, peut être réinterrogé grâce à l'émotion que soulève « la parade patriotique ». Quelle est la cause sociale de cette inspiration artistique ?

Les dessins de voyages : un outil de la sociologie urbaine ?

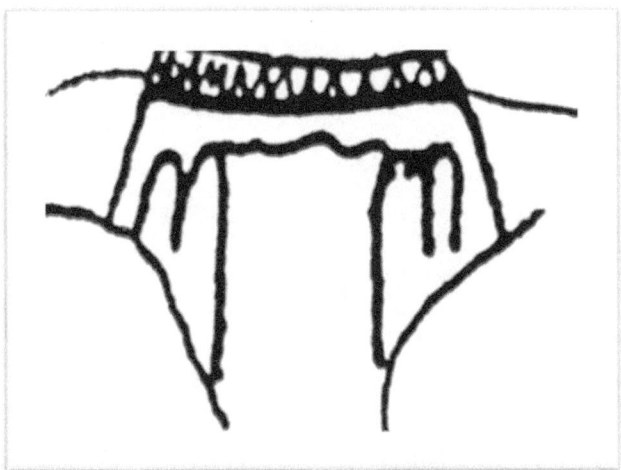

Cette catégorie est la dernière et sans doute la plus marquante. Le trait d'artiste de Kafka ne déforme plus seulement les gens ; il redessine les contours des lieux et des villes qu'il voit. Les traits sont rapides. Ces dessins sont ceux de « l'impulsion à dessiner[34] ». Ces gribouillis « d'un seul trait[35] » de la main rendent visibles le rapport de l'homme à la ville. On ressent dans ce rythme du voyage la communion des sens, « les impressions fortes » qui se traduisent dans les « notations brutes[36] ». Si l'artiste pouvait y voir l'application d'un style burlesque, il peut dorénavant voir celui du « dessin d'enfant[37] ».

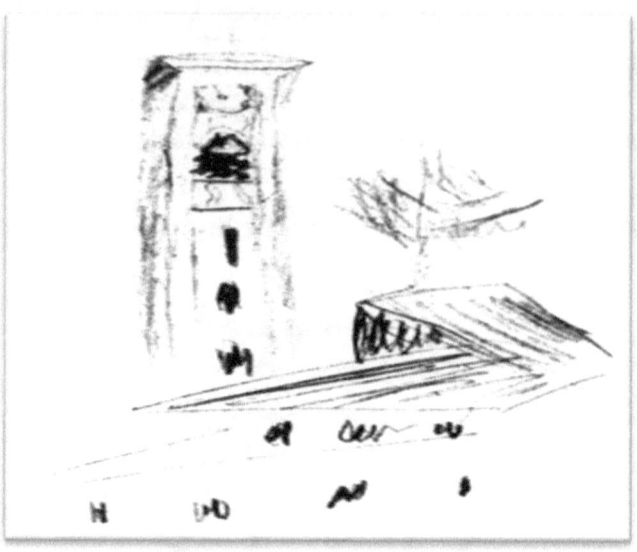

Pour ainsi dire, « les dessins de voyage de Kafka naissent de l'instant, la main se souciant moins de reproduire que d'inscrire ce que l'œil voit[38] ». Les théories de Pierre Sansot dans sa *Poétique de la ville*, ou plus largement celles de la sociologie urbaine, auraient peut-être grand intérêt à se saisir de ces impulsions créatrices des voyages de Kafka.

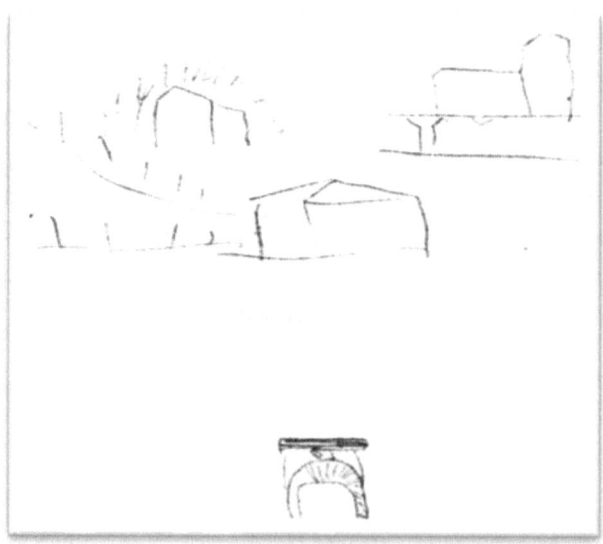

N'est-ce pas là un moyen de travailler le lien entre un voyageur et une ville qu'il découvre ? Ne serait-ce pas là encore l'expression d'« un amour de la ville[39] » de Kafka vis-à-vis des lieux qu'il visite[40] ? Mais laissons de côté pour un moment le fond et l'analyse du message de l'artiste. Essayons d'amener des pistes de réflexion plus objectives. Intéressons-nous aux éléments les plus certains de Kafka : ceux de sa méthode.

Une méthode sociologique : la spontanéité et l'extériorité des dessins de Kafka

L'analyse du contenu des dessins de Kafka repose en grande partie sur une interprétation des idées. La compréhension des « gribouillis » de Kafka en tant que méthode devient ainsi plus évidente, car elle répond en partie aux attentes de la sociologie visuelle. Plus simplement, la méthode de dessin de Franz Kafka aurait pu être considérée comme relevant de la sociologie de l'imaginaire. À ce titre, l'expression du sociologue américain William I. Thomas (1863-1947), « faites et recueillez des photos », prouve que Douglas Harper n'est pas le seul à vouloir défendre « un contexte de fondation culturelle de la vision[41] ». Nous le défendons aussi et pensons que les travaux de Franz Kafka s'inscrivent dans la méthode visuelle quand il « met en forme » le regard, créant ainsi une « génération visuelle[42] ».

De là, si on considère les gribouillis de Kafka comme donnée et non plus comme médium[43], ceux-ci deviennent donc un instrument de collecte de l'information. D'ailleurs, les dessins de Kafka sont (presque) toujours spontanés et imprévisibles. Or, « l'imprévisibilité fournit une indication historique précieuse[44] ». C'est d'ailleurs la qualité première de l'image conversationnelle actuelle, « produit inattendu de la rencontre de la numérisation des contenus visuels et de l'interaction documentée[45] ».

Tout d'abord, le Kafka étudiant a choisi le droit pour faire plaisir à son père, qui lui a bloqué « l'unique voie qui lui tenait à cœur, la littérature[46] ». Comme ses cours sont ennuyants, la marge de ses leçons est gribouillée. En fait, l'héritage iconographique de Kafka est composé en très grande partie de « papiers couverts de dessins spontanés[47] ». Il écoute et dessine. La passion n'est pas là. Un rien suffit à le distraire. Il capte chaque objet qui lui semble pertinent. La spontanéité des dessins a même été poussée par le secret (professionnel). Les conditions de travail de Franz Kafka l'ont obligé à sauter sur la moindre occasion, sur la moindre pause imprévue pour dessiner dans le noir de son bureau. C'est ce que révèle le jeune Janouch[48], fils d'un collègue de l'assureur dessinateur : « une journée pluvieuse, humide. Dans les couloirs de l'Office d'Assurances, les lampes étaient allumées (…) il tenait à la main un long crayon jaune (…) lorsque je m'approchai il posa le crayon sur le papier[49] ». Il n'y pas de moment choisi, juste des instants brefs de capture de l'image.

Enfin, Franz Kafka est aussi un dessinateur sur les lettres et les cartes postales. Cette fois, c'est la spontanéité d'un dialogue qui s'imagine avec son correspondant. Il faut voir, encore là, un parallèle avec l'image conversationnelle évoquée précédemment : Kafka utilise le dessin pour communiquer. Lorsqu'il écrit à Felice Bauer en février 1913[50], il n'arrive pas à communiquer par les mots ses sentiments. Spontanément, il dessine pour les communiquer. On retrouve là « l'utilité communicationnelle » de « l'image fixe ». C'est cette puissance de l'image, mise en lien avec la communication, qui explique d'ailleurs la force de la photo sur les réseaux sociaux (et notamment Facebook)[51], prouvant le fait[52] « que l'image fixe reste de loin le contenu le plus échangé[53] ». Inutile de préciser que Kafka n'utilisait pas Facebook. Il ne voulait pas non plus que le partage de ses images soit public[54]. Le dessin kafkaïen a toutefois des aspects de l'image communicationnelle contemporaine : la « grande fluidité[55] » ; la capacité de « s'afficher dans tous les environnements[61] » ; son contenu « disponible en permanence ». Le besoin de communication spontané permet d'appuyer la perception du gribouillis comme un objet de la sociologie visuelle.

La fascination des contours

La découverte de la méthode artistique globale de Kafka nous amène à dire que les gribouillis de l'auteur du *Procès* dressent des contours où les détails intérieurs ont rarement leur place[56]. L'enseignement artistique qu'il a reçu l'a poussé à respecter « les lois atomiques », le principe de « ressemblance », et l'exigence de « la perfection formelle[57] ». Il dessine les contours.

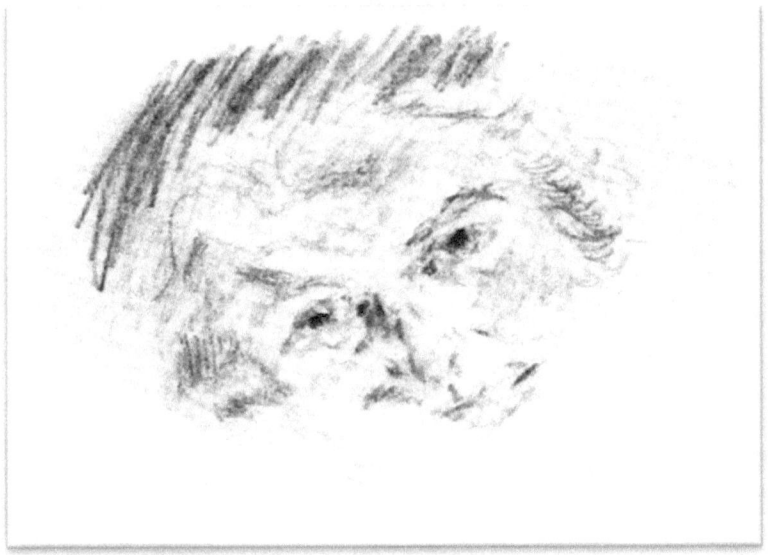

Il n'y a que de rares exceptions à la règle. Le trait est plus maladroit quand Kafka s'intéresse au-dedans. L'intérieur, les détails sont plus risqués pour lui. Dessiner l'intérieur c'est dessiner la part psychologique des choses. Or, « La vie intérieure est ambiguë » pour Franz Kafka[58].

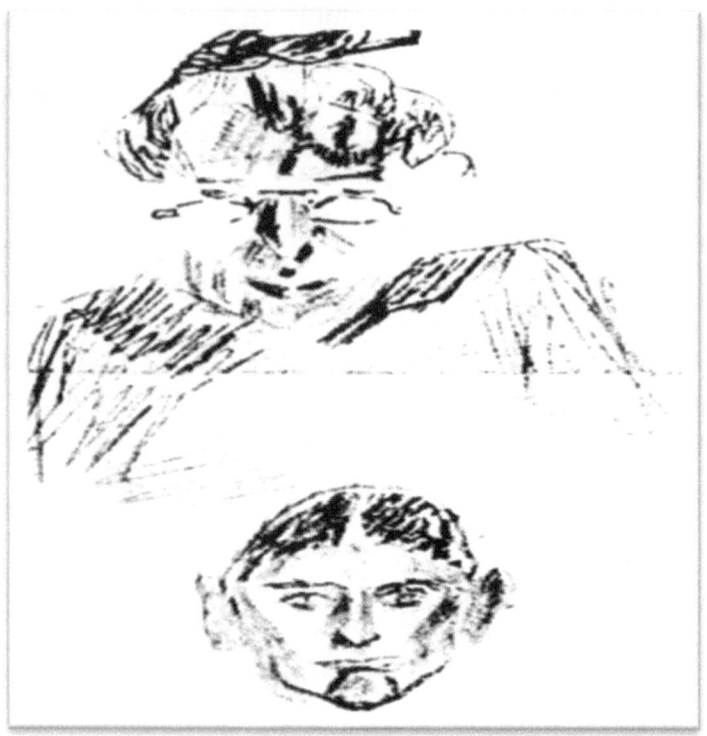

Il ne la dessinera qu'à peu de reprises. Il dessinera son amour et sa reconnaissance pour Dora Dymant. L'amour sorti de l'ombre et de la lumière[59] ». Ou encore, peu avant sa mort, dans *Le portrait de la mère et du fils*. Le trait y serait plus maladroit. D'une manière générale, « Ses personnages enferment, en guise de psychologie, un véritable mystère[60] ». Cette fascination pour la vision de ce qui est à l'extérieur est aussi celle de la sociologie visuelle qui, au travers de la phénoménologie, a montré l'apport essentiel de ce que renvoie l'extérieur des choses.

De notre point de vue, le contexte visuel est établi. Le gribouillis des cahiers de Kafka constitue un objet donné. C'est bien à l'image de la sociologie visuelle. Or, « L'image doit être pensée comme un texte[61] ». Elle est un « modèle d'expression, de communication, et de démonstration, un outil qui rassemble les trois principes fondamentaux d'une analyse : la description, la recherche des contextes, l'interprétation⁶² ». Il a été important de décrire ces dessins pour les rattacher à un contexte. Nous avons vu qu'ils démontraient un imaginaire propre à Kafka, mais il est toujours difficile de prouver qu'ils exprimaient une critique sociale. En faire « une image » est bien compliqué si l'on attend de ces dessins l'expression d'un miroir social. Il s'agit peut-être plutôt d'identifier l'expression d'une vérité. La vérité de Kafka. Les trois principes fondamentaux seraient ainsi respectés.

La modestie, la trace et le dessin d'écrivain

Kafka refuse le terme d'image. Il se sent trop éloigné du réel. « En refusant à ses dessins la notion d'image, c'est-à-dire de reproduction du réel⁶³ » il n'en exclut toutefois pas la teneur sociologique. Le sociologue n'a pas besoin du consentement de l'artiste pour sentir la puissance sociologique d'un objet.

Le choix de parler de gribouillis et de ne pas voir « l'image⁶⁴ » est certainement de la modestie. Une humilité qui nous semble tenir du fait de la personnalité et non de l'enseignement. Il est bon de le rappeler, Kafka apprend en copiant Léonard de Vinci. Il apprend à « satisfaire l'idéal de la ligne, du volume et du modelé, du réel, à répartir l'ombre et la lumière et à saisir le style et l'esprit des artistes⁶⁵ ». Le gribouillis fait ainsi écho à un grand manque de confiance de la part de Kafka.

Malgré tout, Kafka était fasciné quand il parlait de la magie des Inuits à faire vivre leur dessin. Il raconte ainsi en quoi le dessin d'un feu est puissant : il est dessiné, et par la suite, les Inuits s'en servent réellement en faisant partir le feu de lui. Le feu dessiné devient une trace d'un feu réellement produit. Si Kafka a dit « *Mes silhouettes ne veulent pas prendre feu…* », c'est bien qu'il attendait de ces dessins une reproduction dans le réel, mais cette reproduction, il était peut-être juste incapable de la percevoir. Ainsi, la reproduction dans le réel s'est peut-être faite sans qu'il ne s'en rende vraiment compte, tenant peut-être à ce qu'il ne pouvait pas voir de lui-même : son langage si singulier.

Les mots qu'écrit Kafka sont parfois riches de signification, conçus comme « Les hiéroglyphes d'un langage personnel ». Ils amènent à une nouvelle description de l'objet. Ils seraient les images d'un langage. La question du réel ne se pose plus, voire n'est même plus intéressante dans un cadre kafkaïen. On entre dès lors dans le domaine de l'invention, celui d'un langage inventé où les dessins expriment ce langage. Les gribouillis de Kafka étudiés ici ne seraient-ils finalement que l'expression d'un langage plus qu'une critique sociale directe ? Considérer la chose sous cet angle implique que la recherche pousse vers ce qui sollicite le hiéroglyphe. Il repose forcément sur une figuration graphique d'un élément du social. C'est un langage visible, très proche du signe et du symbole. Ainsi l'héritage de Kafka « se place dans un registre qui se situe entre l'écriture, le langage raisonné et le dessin à proprement dit[66] ». Il est le « discours à double voix ». C'est un dessin d'écrivain, mais à notre avis, il n'est qu'une question posée à la sociologie visuelle. À ce sujet, Kafka ne dira-t-il pas « écrire et dessiner sont identiques en leur fond[67] » ?

L'image contre le gribouillis, un plaidoyer pour l'image

Le Kafka dessinateur est peu connu. Le Kafka écrivain l'est plus. Il est même utilisé par certains champs de la sociologie pour son regard social. C'est ainsi avec une très grande force que l'héritage littéraire de Franz Kafka s'impose encore de nos jours. Toutefois, la sociologie visuelle rappelle que l'image doit être pensée comme un texte. Elle a su récupérer une valeur scientifique dans de nombreuses disciplines proches des sciences humaines, mais la sociologie visuelle apprend avec rigueur que l'image est polysémique et dépend du contexte.

En fait, le contexte des « gribouillis » de Kafka se révèle ne serait-ce que par l'étiquette du dessinateur et sa complexité.

Complexité rendue encore plus compliquée, compte tenu du sens auto critique du créateur. En fait, l'image kafkaïenne parle. Une fois recadré, le dessin kafkaïen retrouve les trois principes de l'image en sociologie visuelle. C'est ce que fut notre première intuition, à savoir que les six figurines noires démontrent la place de l'imaginaire noir dans notre rapport à elles. Très vite, la force de l'image saute aux yeux. Kafka communique en dessinant. Il le fait sans le vouloir, et en s'y étant même opposé. L'image est même plus forte que les mots. L'émotion est grande, mais tout autant que la capacité à réinterroger le social.

Constat

Cet article partait d'une intuition remettant en question le lien entre le message du dessin et la réalité sociale. Les dessins de Kafka réinterrogent le social, mais par l'intermédiaire des repères visuels et de la mise en visibilité d'un langage. L'image redevient le mot. L'immersion dans un contexte visuel est totale. Chaque dessin est le fruit d'une conceptualisation et la source d'une autre.

L'image amène aux mots. Les mots conduisent ensuite à cette réalité que Franz Kafka voit si bien dans ses livres. Avec les dessins de Kafka, il s'agit tout simplement d'une nouvelle manière d'amener à la restitution des résultats et de la visualiser. Pour ces motifs, il faut rejeter les moyens invoqués par Franz Kafka et ne retenir l'image et non le gribouillis.

Références

[1] Morin, E. ([1962] 2008), *L'esprit du temps*, coll. « Médiacultures », Paris : Armand Colin.

[2] Lettre de F. Kafka à son ami Pollak.

[3] Gabel, J. (1962), *La Réification*, Thèse principale présentée pour le doctorat de Lettres l'université de Paris au sein de la faculté des lettres et sciences humaines, p. 10-11.

[4] Lahire, B. (2010), *Franz Kafka, éléments pour une théorie de la création littéraire*, Paris : La découverte.

[5] Pawel, E. (1998), *Franz Kafka ou le cauchemar de la raison*, Paris : Éditions du Seuil, p. 48.

[6] Brod, M. (1988), *Une vie combative*, Paris : Gallimard, p. 185.

[7] Janouch, G. (1978), *Conversations avec Kafka,* Paris : Éditions Maurice Nadeau.

[8] Sudaka-Bénézaraf, J. (2001), *Le regard de Franz Kafka : dessins d'un écrivain*, Paris : Maisonneuve et Larose, p. 148.

[9] Périou, M. (2008), *Découvrir la Gestalt-thérapie*, Paris : InterEditions-Dunod, p. 170.

[10] Sudaka-Bénézaraf, J. (2001), *op. cit.*, p. 26.

[11] *Idem*, p. 55.

[12] *Idem*.

[13] Kafka, F.*, Conversations*.

[14] La Rocca, F. (2007), *Introduction à la sociologie visuelle*, Revue Sociétés, n°95, Paris : De Boeck Editions, p. 38.

[15] Sansot, P. (2001), *Poétique de la ville*, Paris : Armand Colin, p. 17.

[16] Kafka, F., *Journal*.

[17] Gabel, J. (1962), *op. cit.*, p. 41.

[18] Sudaka-Bénézaraf, J. (2001), *op. cit.*, p. 101.

[19] *Idem*, p. 102.

[20] Surtout à la reconnaissance « dans son manteau de fourrure, avec son nez pointu » (*le Procès*)

[21] Sudaka-Bénézaraf, J. (2001), *op. cit.*, p. 102.

[22] *Idem*, p. 103.

[23] *Idem*.

[24] *Idem*.

[25] Sudaka-Bénézaraf, J. (2001), *op. cit.*, p. 68.

[26] Beaucoup des dessins de Kafka tiennent leur nom de l'entourage de Kafka.

[27] Sudaka-Bénézaraf, J. (2001), *op. cit.*, p. 69.

[28] Terme emprunté à Erving Goffman et ses travaux de la Mise en scène de la vie quotienne.

[29] Sudaka-Bénézaraf, J. (2001), *op. cit.*, p. 69-70.

[30] Idem, p. 99.

[31] Idem, p. 97.

[32] Ibid.

[33] Ibid.

[34] Idem, p. 99.

[35] Idem, p. 74.

[36] Ibid.

[37] Idem, p. 74-75.

[38] Idem.

[39] Idem, p. 75-76.

[40] Référence aux travaux de Pierre Sansot sur l'amour de la ville.

[41] Kafka a souvent retranscrit de fortes émotions pour les villes de ses voyages et notamment pour la ville de Paris qui a souvent fait la déception de l'auteur.

[42] La Rocca, F. (2007), *op. cit.*, p. 38.

[43] Expression empruntée à Paul Virilio in P. Virilio (1988), La machine de vision, Paris : Galilée.

[44] Règle de la méthode visuelle. L'image doit être une donnée qu'elle soit prise dans la sociologie avec les images, la sociologie sur les images ou la restitution des résultats.

[45] La Rocca, F. (2007), *op. cit.*, p. 351.

[46] Ibid.

[47] Runfola, P. (2001), *Prague au temps de Kafka*, Paris : Édition Henri Veyrier, p. 60.

[48] Sudaka-Bénézaraf, J. (2001), *op. cit.*, p. 35.

[49] Janouch, G. (1978), *op. cit.*

[50] Idem.

[51] Kafka, F. (1967), *Lettres à Felice*, Paris : Gallimard, p. 332.

[52] La Rocca, F. (2007), « L'image conversationnelle : les nouveaux usages de la photographie numérique », *Introduction à la sociologie visuelle*, p. 350.

[53] Je reprends ainsi les caractéristiques de l'image communicationnelle de la théorie d'André Gunthert.

[54] Idem.

[55] C'est ce que l'on retrouve avec la photographie sur Facebook.

[56] Gunthert, A. (2007), « L'image conversationnelle : Les nouveaux usages de la photographie numérique », *Introduction à la sociologie visuelle*, p. 352.

[57] Idem.

[58] C'est d'ailleurs un point surprenant connaissant la tendance de Kafka à rechercher le moindre détail lorsqu'il observe le monde.

[59] Sudaka-Bénézaraf, J. (2001), *op. cit.*, p. 57-58.

[60] Idem, p. 60-61.

[61] Ibid.

[62] Ibid.

[63] La Rocca, F. (2007), *op. cit.*, p. 2.

[64] Idem.

[65] Sudaka-Bénézaraf, J. (2001), *op. cit.*, p. 42.

[66] Idem, p. 34.

[67] Idem, p. 57.

Le rôle de l'image dans nos sociétés

Auteur : Pierre Fraser, Ph.D.

Dans un contexte où l'image est de plus en plus présente, où tous peuvent, munis d'un téléphone intelligent, produire des images, où les médias sociaux utilisent abondamment l'image, la sociologie est de plus en plus encline à mobiliser également des images, soit comme objet d'étude, soit comme outil de recherche, soit comme médium de communication et d'échanges scientifiques autour de résultats. Des chiffres et des lettres, mais aussi des images, fixes ou animées, voilà les matériaux avec lesquels les sociologues rendent compte, aussi, du monde social[1].

Toutefois, dans le contexte actuel, la sociologie visuelle est en train de passer à côté de ce qu'elle devrait vraiment être, car elle ne dispose d'aucune approche méthode méthodologique empirique qui lui permettrait d'analyser d'un point de vue sociologique les images fixes ou animées. Partant de là, si le rôle de la sociologie visuelle est de se cantonner à ne présenter que des images pour traduire certaines réalités sociales, elle est forcément un sous-produit de la méthode sociologique et ne peut prétendre à son autonomie en tant que discipline à part entière. Auquel cas, elle n'est qu'une réplique du photojournalisme ou du documentaire photographique, et les célèbres photographies d'Henri Cartier-Bresson pourraient très bien faire l'affaire. Certes, le jugement ici posé est dur, mais même lorsqu'on lit les travaux d'Howard Becker ou de Douglas Harper, force est de constater que la sociologie visuelle est dans la même situation où le structuralisme l'était à son apogée, c'est-à-dire avec plein de bonnes idées sans aucune méthode vraiment éprouvée. D'ailleurs, il faut se souvenir de ce que Claude Lévi-Strauss disait à Bernard Pivot en 1989 à propos des sciences sociales :

> « [elles] ne sont des sciences que par une flatteuse imposture. Elles se heurtent à une limite infranchissable, car les réalités qu'elles aspirent à connaître sont du même ordre de complexité que les moyens intellectuels qu'elles mettent en œuvre. De ce fait, elles sont et seront toujours incapables de maîtriser leur objet. Jusqu'au XIXe siècle au moins, la chance des Sciences dures a été que leurs objets furent considérés comme moins complexes que les moyens dont l'esprit dispose pour les étudier. La physique quantique est en train de nous apprendre que cela n'est plus vrai et qu'à cet égard une convergence apparaît entre les différentes sciences (ou prétendues telles). Seulement, même si les réalités dernières du monde physique sont inconnaissables, le physicien parvient à découvrir entre elles des rapports exprimables en termes mathématiques, et dont des expériences lui permettent de démontrer l'exactitude. Pour nous autres des sciences humaines, ces expériences sont hors de portée. Aussi, quand nous nous efforçons — et c'est le sens de l'entreprise structuraliste — de substituer, à la connaissance illusoire de réalités impénétrables, la connaissance — possible, celle-ci — des relations qui les unissent, nous en sommes réduits aux tentatives maladroites et aux balbutiements[2]. »

À l'instar de Claude Lévi-Strauss, Karl Popper disait que la sociologie, en particulier, devrait retrouver une ambition théorique et modélisatrice, à l'exemple de la science économique, et que ce ne serait qu'à ce prix qu'elle pourrait gravir les échelons de la scientificité afin de s'établir définitivement comme science dont le caractère rationnel et scientifique ne pourrait plus être dénié. La marche à gravir est donc relativement haute, mais elle n'est tout de même pas infranchissable.

Certes, le structuralisme a fait l'objet de nombreuses dérives, mais il a aussi été porteur d'idées très fécondes, dont la notion de mythe chez Claude Lévi-Strauss. Cependant, personnellement, nous n'avons jamais été en mesure de trouver dans le structuralisme une véritable méthode scientifique que nous aurions pu utiliser pour analyser certains phénomènes sociaux. Plus encore, nous n'avons jamais trouvé, dans plusieurs travaux qui se réclament du structuralisme, un quelconque élément fédérateur. Même l'ethnologue britannique Ernest Gellner (1925-1995) et le sociologue français Raymond Boudon (1934-2013) n'ont jamais vraiment pu savoir, après avoir beaucoup lu sur le structuralisme, en quoi consistait au juste le structuralisme, et nous partageons cet avis. Malgré tout, il reste une définition somme toute intéressante de la notion de structure : « La structure, c'est donc ce qui demeure lorsque les éléments changent, c'est l'arrangement particulier des éléments d'un ensemble, et une structure sociale est un arrangement de personnes en relation les unes avec les autres[3]. »

Ce que nous proposons au lecteur, c'est bien de voir comment il est possible de considérer l'image comme une structure qui agence des repères visuels en interaction pour ainsi former des parcours visuels qui délimiteront un territoire visuel. Et en ce sens, les contributions de Lara Docquier et Louis Lemonon, qui font partie de cette nouvelle génération de chercheurs, ouvrent et explorent de nouvelles voies en matière de sociologie visuelle.

Références

[1] Chauvin, P. M., Reix, F. (2015), « Sociologies visuelles. Histoire et pistes de recherche », *L'Année sociologique*, vol. 65, n° 1, p. 17-41.

[2] http://bit.ly/2fjYSZq.

[3] Deliège, R. (2001), *Introduction à l'anthropologie structurale : Lévi-Strauss aujourd'hui*, coll. Points, Paris : Seuil, p. 41.

ÉDITIONS V/F

www.ingramcontent.com/pod-product-compliance
Lightning Source LLC
Chambersburg PA
CBHW021509210526
45463CB00002B/957